重庆邮电大学出版基金资助
重庆邮电大学科研项目引进人才基金项目资助
（项目编号：K2019—129）

国际足联
制度规则一本通

吕　伟　吴艳丽　吴　丹　张晓蕾◎译

THE COMPREHENSIVE GUIDE TO
FIFA'S RULES AND REGULATIONS

中国社会科学出版社

图书在版编目(CIP)数据

国际足联制度规则一本通／吕伟等译 .—北京：中国社会科学出版社，
2024.4

ISBN 978-7-5227-3425-5

Ⅰ.①国… Ⅱ.①吕… Ⅲ.①国际足球联合会—制度—研究 Ⅳ.①G843

中国国家版本馆 CIP 数据核字(2024)第 073767 号

出 版 人	赵剑英
责任编辑	梁剑琴
责任校对	夏慧萍
责任印制	郝美娜

出　　版	中国社会科学出版社
社　　址	北京鼓楼西大街甲 158 号
邮　　编	100720
网　　址	http：//www.csspw.cn
发 行 部	010-84083685
门 市 部	010-84029450
经　　销	新华书店及其他书店

印刷装订	北京君升印刷有限公司
版　　次	2024 年 4 月第 1 版
印　　次	2024 年 4 月第 1 次印刷

开　　本	710×1000　1/16
印　　张	16.25
插　　页	2
字　　数	275 千字
定　　价	98.00 元

编辑说明

　　本译编是编者长期研究和工作过程中，在适用与职业足球俱乐部相关的国际足联制度规则基础上整理而来。译编收录的范围是：自 2001 年以来国际足联发布的实体性规则、程序性规则以及指令性规则等内容。

　　本译编的国际足联制度规则，按文件种类和业务性质分为三类：国际足联制度规则、国际足联指令性规则、国际足联常规问题的答复意见。译编体例划分细致，便于读者查找相关制度规则依据。

　　本译编收录的国际足联制度规则既涵盖了实体性规则和程序性规则，亦包括国际足联行政工作的日常性答复意见。考虑到收录范围广，国际足联制度规则繁杂无序，我们采取了分类梳理和类型化研究方法，力图向读者呈现一个逻辑完整、体系合理的编排结构。

　　根据中文阅读习惯，我们将英文原文中的"bis"翻译为"之一"，"ter"翻译为"之二"，"quater"翻译为"之三"。由于英文原文中部分编码只有第一款，没有第二、三、四款，为了尊重原文，我们保留了原文的编排方式。除此之外，鉴于国际足联规则附件内容的重要性，我们在编辑时选择保留这些内容，以期能够更为完整地呈现给读者。

　　本译编作为参考和研究的学习书籍，适用对象包括职业足球俱乐部工作人员、足球经纪人、地方足球协会、球员、教练员、高校教师、研究生和律师等。

吕伟　吴艳丽　吴丹　张晓蕾

2023 年 11 月 30 日

序　言

我们为什么要译编这本书？我们译编这本书的价值何在？我们译编这本书给谁看？这是启动这项工作之前，团队成员之间不断相互讨论的问题。

在日常工作中，我们频繁接到国际足联制度规则的咨询和服务工作（服务对象包括俱乐部、经纪公司、球员、教练员、地方足球协会、律师、高校教师、研究生等）。面对国际足球联合会（FIFA）颁布的一系列数量众多且繁杂的足球制度规则，我们处理案件和研究时有一种"无序感"。同时，国际足联制度规则的颁布速度非常快，平均下来一个月可达两件之多，甚至更多。面对工作中"寻找法条"的困境，我们曾尝试在中国足球协会（以下简称"中国足协"）的官方网站上寻找与国际足联颁布规则相对照的中文翻译版，但较为遗憾的是，中国足协公布的国际足联制度规则翻译版仅存有 2019 年之前的零星几份文件，很多文件内容都已经大幅修订，参考意义已经不大了。

这条道路走不通之后，我们团队成员又开始在出版物上寻找希望。我们在国内图书出版网站和国家图书馆以"足球""制度规则""法律"为主题进行检索，依然没有找到这方面的资料。看来这条路也走不通了，于是我们通过服务过的足球俱乐部和中国足协内部人士询问有无这方面的内部资料提供给我们学习和参考，得到的回答依然是"没有"。此刻，我们已经无路可走了，摆在我们面前的要么就是自力更生，要么就是放弃这项工作。

比较欣慰的是，团队成员一致决定来做这件苦差事填补这一领域的"空白"。为了确保团队成员有能力来完成这项工作，我们招募了"英语＋法律"复合型高学历成员加入团队。从 2019 年开始，我们陆续翻译和类型化了一系列国际足联制度规则。经过近四年的时间，我们完成了国际足联制度规则、国际足联指令性规范、国际足联常规问题答复意见共计三篇内容。针对这三篇内容，我们曾形象地比喻其为"钩子"，可以把整个国际足联制度规则挂起来，让散落在地的制度规则立体化，或者起到了提纲挈领的作用。

一路走来，我们也对国际足联制度规则由陌生到熟悉再到领悟。翻译之初，可能我们仅了解常规咨询和已处理案件的知识内容，对一些不曾涉及的知识内容，知之甚少或不知。总体而言，国际足联制度规则尽管数量多且繁杂，但联系紧密且已成体系。这一领域已经生成了一套规范、有序的内部治理结构，有类似于国家的"立法、司法和行政"体系，已形成了有别于国家法律体系的国际足球制度规则体系。某种程度上而言，有别于国家法的"足球法"已经形成了，且已具备了一定的知识深度和广度。

在过往的咨询过程中，我们也发现了一些共性的问题。很多职业足球俱乐部都是在遇到问题时，后悔地说上一句"我们也不懂国际足联制度规则，不然工作合同也不会这么签"。这反映出国内足球俱乐部对所签订合同"合规审查"的缺失，思维习惯仍停留在国内的用工方式上，典型地"用筷子吃牛排"。由于FIFA对涉外足球工作合同规定了强制性管辖权，产生劳动纠纷时，并不适用中国法，而是适用国际足联所在地的瑞士法。这无疑给国内俱乐部增加了巨大的用工风险。国内已有多支中甲、中超俱乐部因涉外仲裁赔偿金额过高无力偿还而被迫选择退赛。为此，我们梳理了近百份国内俱乐部在FIFA和CAS的裁决书后发现，多数俱乐部败诉原因均为违反国际足联制度规则所致。

因此我们认为，非常有必要译编本书来为国内职业足球俱乐部提供帮助和参考。本书的出版将有助于国内俱乐部降低涉外工作合同的用工风险以及合规经营；有助于足球经纪人、球员、教练员等主体了解自身权益；有助于中国足协及其会员协会借鉴和参考国际足联管理经验，加快与国际足联接轨为足球产业赋能和提供专业服务。同时，本书亦可作为国内高校研究国际足联制度规则的课程辅助用书。在法律领域，我国有一大批学者进行域外法的研究和编撰，这有助于我国涉外企业对外贸易的发展。同理，我国足球水平的提高也离不开对国际足联制度规则的研究和学习。中国急需有一批专业的法律人和足球人投身到这一领域进行研究，形成一个"足球研究共同体"。因此，中国足球水平的提高，除了要提高足球竞技水平，更需要提高足球制度建设水平，两者相辅相成。揆诸先进足球国家的足球百年发展史，几乎就是一部足球法治史。足球项目是世界体育运动中最发达的产业之一，有着成熟的产业链和从业人员，通过市场化运作来促进足球产业发展，法治化是其题中应有之义。

以上为我们不成熟的些许浅见，不当之处，还望各位读者海涵！同时，囿于知识掌握得不足以及翻译不准确的地方，也请各位读者予以批评指正，我们希望汇集各方意见不断修订和完善本书。

吕　伟

2023 年 4 月 3 日写于嘉陵江畔

目　　录

第一篇　国际足联规则

球员身份及转会规程 ……………………………………………… （3）

一　引言 ………………………………………………………………… （6）

二　球员身份 …………………………………………………………… （7）

三　球员注册 …………………………………………………………… （8）

四　维持职业球员和俱乐部间合同的稳定性 ………………………… （14）

五　第三方对球员经济权利的影响和所有权 ………………………… （17）

六　女性球员的特殊规定 ……………………………………………… （18）

七　未成年球员的国际转会 …………………………………………… （19）

八　培训补偿和联合机制补偿 ………………………………………… （24）

九　管辖权 ……………………………………………………………… （24）

十　最终条款 …………………………………………………………… （27）

附件 1　放行球员回国参加国家队比赛 ……………………………… （29）

附件 2　教练雇佣规则 ………………………………………………… （36）

附件 3　球员国际转会和转会匹配系统 ……………………………… （41）

附件 4　培训补偿 ……………………………………………………… （53）

附件 5　联合机制补偿 ………………………………………………… （56）

附件 6　五人制足球球员身份及转会规程 …………………………… （58）

附件 7　处理由乌克兰战事引起之特殊情况的暂行规则 ………… （64）

国际足联纪律准则 ………………………………………………… （67）

一　总则 ………………………………………………………………… （67）

二　违规 ………………………………………………………………… （71）

三　组织和管辖权 ……………………………………………………… （81）

　四　特别程序 ……………………………………………（95）

　五　最终条款 ……………………………………………（98）

　附件 1　纪律措施清单 …………………………………（100）

球员身份委员会和争议解决庭程序规则 ………………（104）

　一　总则 …………………………………………………（104）

　二　程序规则 ……………………………………………（105）

　三　最终条款 ……………………………………………（113）

国家争议解决庭标准条例 ………………………………（114）

　序言 ………………………………………………………（114）

　一　一般规定 ……………………………………………（115）

　二　官方机构 ……………………………………………（115）

　三　当事方 ………………………………………………（117）

　四　文件和期限 …………………………………………（118）

　五　取证和诉求 …………………………………………（119）

　六　裁决 …………………………………………………（121）

足球仲裁庭程序规则 ……………………………………（124）

　一　总则 …………………………………………………（124）

　二　一般程序规则 ………………………………………（126）

　三　争议解决庭、球员身份裁决庭或者代理人裁决庭争议

　　　解决规则 ……………………………………………（129）

　四　争议解决庭审理联合机制补偿和培训补偿案件与电子

　　　球员参赛证相关案件的具体规则 …………………（133）

　五　向球员身份裁决庭提交监管申请 …………………（135）

　六　最终条款 ……………………………………………（136）

　附件 1 ……………………………………………………（138）

国际足联清算所条例 ……………………………………（139）

　一　引言条款 ……………………………………………（140）

　二　青训补偿的计算和支付程序 ………………………（141）

　三　国际足联清算所支付流程 …………………………（148）

　四　合规性评估 …………………………………………（150）

　五　处罚和争议 …………………………………………（152）

　六　最终条款 ……………………………………………（154）

国际足联足球经纪人条例 ································· （157）

一　总则 ··· （159）

二　成为足球经纪人 ··· （160）

三　作为足球经纪人从业 ·· （163）

四　客户的权利和义务 ·· （171）

五　披露和公开 ·· （172）

六　争议 ··· （173）

七　纪律事项 ·· （173）

八　最终条款 ·· （174）

关于《球员身份及转会规程》新租借条款的解释性说明 ········· （177）

一　俱乐部培训球员的定义 ······································· （177）

二　新球员租借规则的范围 ······································· （178）

三　新的租借规则 ··· （179）

四　实例 ··· （183）

关于《球员身份及转会规程》未成年球员国际转会的解释性
　　说明 ·· （186）

第二篇　国际足联指令性规范

第 1843 号通函　注册禁令——《球员身份及转会规程》/《国际
　　足联纪律准则》 ··· （201）

一　实施注册禁令的管辖权 ······································· （201）

二　范围 ··· （202）

三　不遵守或不执行注册禁令的行为 ··························· （204）

第 1805 号通函《球员身份及转会规程》——俱乐部分类和注册期 ··· （205）

第 1743 号通函《球员身份及转会规程》及《球员身份委员会和
　　争议解决庭程序规则》修正案 ······························· （208）

一　RSTP 的修订 ·· （208）

二　《程序规则》的修订 ··· （211）

第 1689 号通函《球员身份委员会和争议解决庭程序规则》第 13
　　条——国际足联管理部门在有关培训补偿和联合机制补偿
　　索赔方面的提议 ··· （212）

第 1686 号通函《球员身份及转会规程》第 24 之一条——对 FIFA
　　球员身份部门裁决的未付款项或赔偿金的执行 …………………（215）
第 1635 号通函球员国际转会 …………………………………………（219）
第 1587 号通函未成年职业球员国际转会 ……………………………（222）
第 1249 号通函《球员身份及转会规程》——培训补偿及俱乐部
　　分类 ………………………………………………………………（224）
第 1171 号通函职业足球运动员合同最低要求 ………………………（226）

第三篇　国际足联常规问题的答复意见

球员身份委员会常规问题的答复意见 …………………………………（229）
　　一　隶属不同协会的俱乐部之间逾期支付的争议常见问答 ……（229）
　　二　隶属不同协会的俱乐部之间除 ITC 索要、培训补偿和联合
　　　　机制补偿外的争议常见问答 ………………………………（232）
　　三　俱乐部或协会与教练之间国际雇佣争议常见问答 …………（234）
争议解决庭常规问题的答复意见 ………………………………………（238）
　　一　俱乐部和球员之间国际雇佣争议常见问答 …………………（238）
　　二　俱乐部和球员之间国际逾期支付争议常见问答 ……………（240）
　　三　联合机制补偿争议常见问答 ………………………………（242）
　　四　培训补偿争议常见问答 ……………………………………（245）
　　五　球员和俱乐部关于 ITC 索要的合同争议常见问答 ………（247）

第一篇

国际足联规则

球员身份及转会规程[①]

2024 年 2 月版

定义

为了更好地理解本规程，以下是相关术语的定义：

1	原协会：原俱乐部所属协会
2	原俱乐部：球员离开的俱乐部
3	新协会：新俱乐部所属协会
4	新俱乐部：球员加入的俱乐部
5	官方比赛：在有组织的足球赛事框架下进行的比赛，例如国家冠军联赛、杯赛以及俱乐部国际锦标赛等，但不包括试训期间进行的友谊赛
6	有组织的足球赛事：由国际足联、洲际足联、相关协会主办或授权的足球赛事
7	保护期：职业球员 28 周岁赛季之前所签订的合同生效之日起的连续 3 个赛季或 3 年（以先到者为准），或职业球员在 28 周岁赛季之后所签订的合同生效之日起的连续 2 个赛季或 2 年（以先到者为准）
8	注册期：相关协会根据第 6 条所规定的时期
9	赛季：由会员协会设定的连续 12 个月的比赛期间，在此期间举行官方比赛，如国家冠军联赛和杯赛
10	培训补偿：根据附件 4 为青少年球员发展所支付的金额
11	未成年球员：未满 18 周岁的球员
12	足校：通过提供所需训练设施和条件，以培训球员为主要和长期目标的独立法人实体或组织，包括但不限于足球训练中心、足球训练营、足球学校等

[①] 文件来自国际足联官方网站：https://digitalhub.fifa.com/m/6a0797ec77cb02c/original/Regulations-on-the-Status-and-Transfer-of-Players-February-2024-edition.pdf。

13	转会匹配系统（TMS）：一个基于网络的数据信息系统，其主要目标是简化球员国际转会程序并提高信息流动的透明度
14	第三方：除球员、球员转会的双方俱乐部、球员曾注册的俱乐部以外的其他方
15	十一人制足球：按照国际足球协会理事会授权的《足球竞赛规则》进行的足球赛
16	五人制足球：按照国际足联及国际足球协会理事会下设委员会联合制定的《五人制足球竞赛规则》进行的足球赛
17	注册：制作包含球员详细资料的书面记录。具体信息包括： a）注册开始日期（格式：年/月/日）； b）球员全名（名，中间名及姓）； c）出生日期、性别、国籍、球员身份（根据本规程第 2 条第 2 款的业余或职业身份）、注册性质（永久转会或租借转会）； d）球员参加的足球类型（十一人制足球/五人制足球/沙滩足球）； e）球将效力的隶属某协会的俱乐部名称（包括俱乐部的 FIFA ID）； f）注册时俱乐部的培训等级； g）球员的 FIFA ID； h）协会的 FIFA ID
18	球员电子注册系统：一种在线电子信息系统，能够记录所有球员在其协会的注册信息。球员电子注册系统必须包含 FIFA 链接 ID 服务和 FIFA 链接界面，以便能够在线传输相关信息。球员电子注册系统必须通过 FIFA 链接界面提供所有球员自 12 岁起的全部注册信息，特别是必须为每名球员分配一个 FIFA ID，以便其能够使用 FIFA 链接 ID 服务
19	FIFA 链接 ID 服务：FIFA 提供的一项服务，该服务向个人、组织和机构分配全球有效的唯一标识符（FIFA ID），向第二次注册的同一主体提供已登记信息，并对拥有 FIFA ID 的主体保存其当前核心注册信息
20	FIFA ID：FIFA 链接 ID 服务分配给每个俱乐部、协会、球员和足球经纪人的全球唯一标识符
21	国际转会：球员的注册关系从一个协会转移到另一个协会
22	国内转会：球员的注册关系从一个协会内的一家俱乐部转移到同一协会内的另一家俱乐部
23	国内电子转会系统：一种在线电子信息系统，能够根据转会匹配系统在国际一级实施的模型原则（参见附件3）来管理和监控协会内的所有国内转会。系统必须至少收集球员的全名、性别、国籍、出生日期、FIFA ID、球员身份（根据本规程第 2 条第 2 款的业余或职业身份）、参与转会的两家俱乐部的名称和 FIFA ID 以及俱乐部之间的任何付款（如有）。国内电子转会系统必须包含协会的电子注册系统和 FIFA 链接界面，以便通过电子方式交换信息
24	过桥转会：为了规避相关法律法规的适用或者欺骗其他相关主体，同一名球员通过在中间俱乐部注册的方式，短时间内连续进行连续两次有关联的国内或国际转会
25	纯业余俱乐部：与职业俱乐部无法律、经济或事实联系的俱乐部。仅允许注册业余球员；或者无注册的职业球员；或者在特定日期之前的三年中，未注册过任何职业球员
26	FIFA 链接界面：一种 FIFA 链接程序中由 FIFA 提供的技术接口，用于会员协会之间，会员协会与 FIFA 之间点对点的加密信息电子传输

续表

27	青训补偿：补偿培训俱乐部在培养和教育年轻球员方面的机制，即培训补偿（参见第20条）和联合机制补偿（参见第21条）
28	教练员：职业俱乐部或协会雇佣的专门从事足球职业的个人，其：工作职责由下列一项或多项构成，即培养和训练球员，为比赛或竞赛挑选球员，在比赛或竞赛期间做出战术选择；和/或工作需根据国内或各州执业规定持有教练员执照
29	职业俱乐部：纯业余俱乐部以外的俱乐部
30	产假：女性球员因怀孕可享受最短14周的带薪假，其中生育后应最少休息8周
31	俱乐部培训球员：年龄在15周岁（或满15周岁的赛季初）至21周岁（或满21周岁的赛季末）之间，不论国籍和年龄，在当前培训俱乐部连续或不连续注册三个完整赛季或36个月的球员
32	试训：未在俱乐部注册的球员接受俱乐部评估的一段临时时间
33	国际足联清算所：在处理足球转会系统中支付的某些款项方面充当中介的实体
34	电子球员参赛证（EPP）：一份包含球员在其职业生涯中综合注册信息的电子文件，包括相关的会员协会、球员身份（业余或职业）、注册类型（永久转会或租借转会）以及自其12周岁生日以来注册过的所有俱乐部（包括其培训等级分类）
35	转会补偿：球员新俱乐部支付或承诺支付给球员原俱乐部的补偿，作为交换，原俱乐部接受球员解除有约束力的合同关系。本规程第17条规定的违约赔偿不视为转会补偿
36	匹配异常：一种在TMS中的国际转会状态，即当两家俱乐部都正确输入基本信息（球员、俱乐部和转会指令），但两家俱乐部的转会指令中仍有转会细节（付款细节或租借期限）不匹配。这种不匹配阻止了转会的进行
37	转会匹配系统（TMS）用户：代表俱乐部或会员协会接受培训并授权使用TMS的个人。所有TMS用户都有其唯一的登录凭证
38	转会匹配系统（TMS）经理：TMS的主要用户，也是使用TMS的俱乐部或会员协会的联络人
39	转会指令：球员从一家俱乐部转会到另一家俱乐部时输入TMS的信息。转会指令类型由输入的信息决定：(i)"转入"或者"转出"；(ii)"永久转会"或者"租借转会"；(iii)"职业球员"或者"业余球员"；(iv)"有转会协议"或者"无转会协议"；(v)"有转会费"或者"无转会费"
40	验证异常：TMS在进行国际转会时出现的问题，该问题将阻止转会程序继续进行，因此需要国际足联的干预
41	比赛期：自国家冠军联赛或杯赛第一场开赛（以开赛日期在先的为准）至最后一场结束的期间
	上述定义参考了《国际足联章程》中的定义部分
	注意：条款中所指的自然人包括男性和女性。所有单数术语的解释也适用于复数，反之亦然

一 引言

1 范围

1. 本规程规定了全球范围内球员参与足球比赛的身份、参加有组织的足球赛事的资格以及在隶属于不同协会俱乐部间转会的相关事宜。

2. 同一个协会俱乐部间的球员转会由该协会遵照下列第 1 条第 3 款的规定制定专门规程予以管理。该协会的规程必须经国际足联批准。该规程必须规定处理俱乐部和球员之间争议的规则，也必须制定在培养青少年球员方面投入经费的俱乐部的青训补偿机制。

在十一人制足球范围内，所有职业和业余球员（包括男性和女性）的国内转会都必须使用国内电子转会系统。当球员每次在同一协会的新俱乐部注册时，其国内转会信息都必须上传至国内电子转会系统。在不使用国内电子转会系统的情况下，任何新球员注册都被视为无效。

3.

a）各协会必须遵守本规程中的第 2—8、10［遵守下文第 1 条第 3 款 b）项］、11、12 之一①、18、18 条第 7 款（除非国内法有更优条件规定）、18 之一、18 之二②、18 之三③（除非国内法有更优条件规定）、19、19 之一各条，并将其逐字引入本协会的规程。

b）从 2022 年 7 月 1 日起，足球协会有三年时间与国内足球利益相关者达成协议，实施符合比赛完整性、青少年发展和防止囤积球员原则的国内租借制度。为免生疑问，只要符合这些原则，在国内对租借数量的限制在此期间可以不受第 10 条的约束。

c）各协会的规程中都必须写明保护合同稳定性的适当措施，遵守国家法律和劳资协议，且必须特别考虑以下原则：

——第 13 条：必须遵守合同的原则；

——第 14 条：正当理由单方面可终止合同而不追究责任的原则；

---

① 英文原文为第 12bis 条，为方便读者理解，本书"bis"均统一翻译为之一条。

② 英文原文为第 18ter 条，为方便读者理解，本书"ter"均统一翻译为之二条。

③ 英文原文为第 18quater 条，为方便读者理解，本书"quater"均统一翻译为之三条。

——第 15 条：职业球员可以以正当体育理由终止合同的原则；

——第 16 条：不能在比赛期终止合同的原则；

——第 17 条第 1、2 款：无正当理由终止合同需要支付赔偿，且赔偿可在合同中予以规定的原则；

——第 17 条第 3—5 款：无正当理由终止合同的一方需受到体育处罚的原则。

4. 根据附件 1 的条款，本规程还规定放行球员回国参加国家队比赛的问题。这些条款适用于所有协会及俱乐部。

5. 本规程也包含教练员和职业俱乐部或协会之间合同的相关规定（参见附件 2）。

6. 本规程还包括处理乌克兰战争引起特殊情况的临时规定（参见附件 7）。

二 球员身份

2 球员身份：业余球员和职业球员

1. 参与有组织的足球赛事的球员分为职业球员和业余球员。不承认其他类型的球员身份。

2. 职业球员是指与俱乐部签订了书面合同，且从事足球活动得到的收入大于其足球活动实际支出的球员。其他则为业余球员。

3 重获业余球员身份

1. 职业球员只能在其以职业球员身份参加的最后一场比赛 30 天后，方可重新注册为业余球员。

2. 重新注册为业余球员时，不能获得任何补偿。但是，在 30 个月内再次注册成为职业球员时，新俱乐部要根据第 20 条支付培训补偿。

4 终止足球活动

1. 职业球员在其合同期满时退役，或业余球员终止其足球活动后，30 个月内仍然具有在其最后效力的俱乐部所属协会注册的资格。

2. 终止足球活动的日期从该球员代表俱乐部参与的最后一场官方比

赛开始计算。

三　球员注册

5　注册

1. 每个协会必须有一个球员电子注册系统，该系统必须在首次注册球员时为每名球员分配一个 FIFA ID。根据第 2 条，球员必须在会员协会注册，才能作为职业球员或业余球员为俱乐部效力。除了在试训期间参加友谊赛的球员外，只有经过电子注册并以 FIFA ID 标识的球员才有资格参加有组织的足球赛事。球员一经注册或者同意参加试训，即表明其同意遵守国际足联、洲际足联以及协会的各种章程和规则。

2. 球员只能在俱乐部注册才能参加有组织的足球赛事。作为本规则的例外，球员可能仅出于技术原因就必须在俱乐部注册，以确保连续进行的个人转会中的透明度（参见附件 3）。正在接受试训的球员（参见第 19 之二条）无须注册即可在试训中参加友谊赛。

3. 球员一次只能在一家俱乐部注册。

4. 在同一赛季中，球员最多只能注册为三家俱乐部的球员，且只能代表两家俱乐部参加官方比赛。作为该规则的例外情况，若球员转会前后的两家俱乐部所属协会存在赛季交叉（例如一个会员协会赛季始于夏季/秋季，而另一个协会赛季始于冬季/春季），则该球员也可代表第三家俱乐部参加相关赛季的官方比赛。前提是球员应当遵守与前两家俱乐部的合同约定，同时应当遵守有关注册期（第 6 条）及最短合同期限（第 18 条第 2 款）的规定。如果球员希望根据第 6 条第 3 款 a）项的例外情况进行注册，则本条规定的限制不适用。

5. 任何情况下，竞赛必须以诚信为本，尤其是一名球员不能在同一个赛季为多于两家俱乐部在同一个全国锦标赛或杯赛效力。如会员协会有更严格的单项比赛规定，从其规定。

6. 关于球员的 FIFA ID 及各球员电子注册系统的整合，各会员协会应：

a）为所有已在其注册但在球员电子注册系统与 FIFA 链接 ID 服务整合时未获得 FIFA ID 的球员分配 FIFA ID；

b）如 FIFA 链接 ID 服务已为球员分配了 FIFA ID，则应确保该球员在其球员电子注册系统中使用相同的 FIFA ID 注册；

c）如果 FIFA 链接 ID 服务发现一名球员在或似乎在多个球员电子注册系统中注册，应在发现后五天内予以解决，并立即更新 FIFA 链接 ID 服务；

d）当收到注册球员和确定球员 FIFA ID 的申请时，通过 FIFA 链接界面向其他会员协会的球员电子注册系统提供球员的相关个人信息。

5 之一　过桥转会

1. 任何俱乐部或球员均不得参与过桥转会。

2. 除非有相反的证据，否则应推定，如果在 16 周内同一球员连续进行两次国内或国际转会，那么参与这两次转会的当事方（俱乐部和球员）将被视为参与过桥转会。

3. 国际足联纪律委员会将根据《国际足联纪律准则》，对受《国际足联章程》和有关规则约束的涉及过桥转会的任何一方实施制裁。

6　注册期

1. 球员只能在所在协会规定的每年两次注册期的任一注册期内注册。协会可为其男子、女子比赛规定不同的注册期。

2. 第一个注册期最早可从上一赛季比赛期结束后的次日开始，最迟可从新赛季的第一天开始。第一个注册期不得短于 8 周或长于 12 周。第二个注册期应在赛季中期开始，且不得短于 4 周或长于 8 周。两个注册期的累计总和不得超过 16 周。赛季的比赛期和两个注册期应在生效前至少 12 个月输入 TMS（参见附件 3）。所有转会，无论是国内转会还是国际转会，均应仅在两个注册期内进行，但下文第 3 款第 6 条的例外情况除外。如果未及时上报国际足联，国际足联将代为确定比赛期和注册期。

3. 会员协会有权在下列例外情况下在注册期外注册球员：

a）职业球员如有正当理由单方面终止合同，或其俱乐部无正当理由单方面终止合同，可在注册期外注册。在收到 ITC 索要后，国际足联总秘书处应尽快初步评估单方面终止合同是否有正当理由，并据此批准或拒绝球员的注册。这种初步评估不影响足球仲裁庭关于终止合同后果的裁决。

b）职业球员合同在新俱乐部的注册期结束前自然到期或协议终止

的，也可以在注册期结束后在新俱乐部注册。

c）可以在注册期外注册女球员，以临时替换休产假的女球员。除非双方协商一致，临时替换的女球员的合同期限应自注册之日起至休产假的女球员归队后的第一个注册期开始的前一天止。

d）休产假的女球员可根据其合同状态，在休完产假后在注册期外注册（参见第 18 条第 7 款和第 18 之三条）。

e）职业球员由于新冠疫情合同期满或解除合同的，该职业球员有权在注册期外注册。

4. 当允许球员在注册期之外进行注册时，会员协会应适当考虑相关比赛的体育完整性。雇主和雇员双方代表根据国家法律在国内层面协商的劳资协议可以更详细地规定体育完整性标准。

5. 如果国际足联总秘书处根据第 3 款 a）项的例外情况允许球员在注册期之外注册，则任何要求原俱乐部同意球员注册的国内监管规定或合同协议均无效。如果球员的雇佣合同已到期，则该球员的注册不需要原俱乐部的同意。

6. 对于第 3 款 c）和 d）项中的例外情况，会员协会应相应地调整其国内规则。但是，应优先确保休完产假的女球员有资格参加国内比赛，并确保相关比赛的体育完整性。

7. 俱乐部在注册期内只有通过球员电子注册系统递交有效申请给相关协会后，球员方可注册成功。第 6 条第 3 款规定的例外情况除外。

8. 有关注册期的条例不适用于业余球员参加的比赛。为了比赛的竞赛完整性，相关协会应规定专门的注册期注册这类比赛的球员。

7　球员参赛证

1. 对于不适用《国际足联清算所条例》的青训补偿相关权利，现有与球员参赛证有关的义务将保持不变。例如，球员在某个协会注册后，该协会须向俱乐部发放球员参赛证。参赛证上写明该球员的详细资料，包括球员在 12 周岁生日后所注册过的所有俱乐部名称。

2. 对于适用《国际足联清算所条例》的青训补偿相关权利，将生成电子球员参赛证（EPP）并按下述规则使用。

3. 电子球员参赛证是一份包含球员在其职业生涯中综合注册信息的电子文件，包括相关的会员协会、球员身份（业余或职业）、注册类型

（永久转会或租借转会）以及自其 12 周岁生日以来注册过的所有俱乐部
（包括其培训等级分类）等信息。电子球员参赛证应在《国际足联清算所
条例》中规定的特定情况下生成。

4. 为了创建电子球员参赛证，会员协会应确保收到国际足联通过
FIFA 链接界面发送的请求后，向国际足联在该界面提供可靠、准确和完
整的球员注册信息。

8 注册申请

职业球员申请注册时必须一并提交球员合同的复印件。有关决策层有
权要求球员提交补充合同或者任何附加协议。

9 国际转会证明

1. 某个协会中的球员要在新协会注册时，只有当新协会收到原协会
的国际转会证明（以下简称 ITC）后方可办理。ITC 的签发应该免费且无
条件和时间限制。任何附加条款均无效。原协会要将其签发的 ITC 传真一
份给国际足联。有关签发 ITC 的办理程序详见本规程附件 3。

2. 禁止协会以球员参加试训的友谊赛为由要求签发 ITC。

3. 除适用《国际足联清算所条例》的情况外，新协会在收到 ITC 后，
应该将球员注册为职业球员的事宜书面通知在球员 12 周岁至 23 周岁期间
（参见第 7 条）训练和教育球员的俱乐部所属协会。

4. 10 周岁以下的球员转会无须出具 ITC。

10 职业球员租借

1. 职业球员可由其俱乐部（"原俱乐部"）根据书面协议租借一
定期限到另一俱乐部（"新俱乐部"）。以下规则适用于职业球员的租借：

a）俱乐部之间应以书面形式签订租借协议，双方应明确租借条件，
特别是租借期限和财务条款。球员也可作为租借协议的一方。

b）球员与新俱乐部应当签订涵盖租借期限的雇佣合同，同时应在此
雇佣合同中明确该球员为租借球员。

c）在租借期间，除非球员与原俱乐部另有协议约定，否则双方之间
的雇佣合同予以中止。

d）在遵守第 5 条第 4 款的情形下，租借协议的租借期限最短不少于

两个注册期的间隔，最长不超过一年。租借协议的终止日期应当在原俱乐部所属协会规定的任一注册期内。任何超过最长租借期限的约定，都将被视为无效。

e）在球员书面同意的情况下，租借协议的期限可以被延长，但要遵守上述最短和最长租借期限的限制性规定。

f）禁止新俱乐部将租借球员再次租借或永久转会至第三方俱乐部。

2. 在本规程生效之前，一年以上的租借协议可继续有效直至合同到期。这类租借协议仅能根据本规程第 10 条第 1 款 e）项予以延长。

3. 球员租借协议应当符合本规程第 5—9 条和附件 3 的程序性规定。

4. 若球员与新俱乐部的合同在租借协议约定期满前单方面终止：

a）球员有权回到原俱乐部；

b）球员必须立即通知原俱乐部提前终止合同的情况以及是否打算返回原俱乐部；

c）如果球员决定返回原俱乐部，原俱乐部必须立即接收该球员，从球员返回原俱乐部之日起，球员与原俱乐部在租借期间中止的合同将继续生效，特别是，原俱乐部必须向球员支付薪酬；

d）国内注册规则必须由足球协会与国内足球利益相关者协商一致。

5. 第 10 条第 4 款的内容与下列规定不冲突：

a）职业球员与新俱乐部合同终止适用第 17 条的规定；

b）原俱乐部未能立即接收球员适用第 17 条的规定；

c）原俱乐部履行接收球员的义务后索要赔偿金的权利。最低赔偿金应等于原俱乐部接收球员之日起至原租借协议期满之日止租借俱乐部须支付给球员的薪酬总额。

6. 以下限制条件从 2024 年 7 月 1 日起适用：

a）一家俱乐部在一个赛季最多可租借六名球员至其他俱乐部；

b）一家俱乐部在一个赛季最多可从其他俱乐部租借六名球员。

7. 以下情况球员的租借将不受上述限制：

a）租借发生在原俱乐部赛季结束之前，此时球员年满 21 周岁；且

b）球员是原俱乐部培训球员。

8. 不论球员年龄为何或是否为俱乐部培训球员，均适用以下限制条件：

a）一家俱乐部在一个赛季任何时候最多可以租借三名职业球员至一

家特定俱乐部；

b）一家俱乐部在一个赛季任何时候最多可以从一家特定俱乐部租借三名职业球员；

9. 第 10 条第 6 款的过渡时期应适用如下限制：

a）2022 年 7 月 1 日至 2023 年 6 月 30 日：租借球员最多为八名；

b）2023 年 7 月 1 日至 2024 年 6 月 30 日：租借球员最多为七名。

11 未注册的球员

未经注册的球员代表某个俱乐部参加官方比赛均被视为违规。除了纠正比赛结果外，该球员或/和所代表俱乐部均应受到制裁，实施制裁的权力原则上属于所在协会或赛事主办方。

12 纪律处罚的执行

1. 任何达到禁赛 4 场或 3 个月的纪律处罚，如果在球员转会前原协会没有（全部）执行完，则球员所注册的新协会应在国内层面继续执行。原协会应在签发 ITC 时通过 TMS 通知新协会任何没有被（全部）执行的纪律处罚。

2. 任何没有（全部）执行完的禁赛超过 4 场或 3 个月的纪律处罚，只有在国际足联纪律委员会将该处罚范围扩展到全球有效后，球员所注册的新协会才需要执行。另外，原协会应在签发 ITC 时通过 TMS 通知新协会任何上述待执行的纪律处罚。

12 之一 逾期支付

1. 俱乐部必须按照与职业球员签订的合同和转会协议中规定的条款，履行对球员和其他俱乐部的付款义务。

2. 若发现任何俱乐部在没有初步证明的合同基础情况下，逾期付款超过 30 天，则可根据下文第 4 款对俱乐部进行制裁。

3. 为使俱乐部根据本条款的要求视为存在逾期应付款，债权人（球员或俱乐部）必须向债务人俱乐部发送书面违约通知，并给予其至少 10 天的履行宽限期。

4. 在其管辖范围内（参见第 22—24 条），足球仲裁庭可实施下列制裁：

a）警告；

b）谴责；

c）罚款；

d）在完整以及连续一个或者两个注册期内禁止注册任何国内或国际的新球员。

5. 上文第 4 款中的制裁措施可并罚。

6. 重复违反规定将被视为加重情节，并将导致更严厉的处罚。

7. 本条款不影响第 17 条针对单方解除合同进一步措施的适用。

四　维持职业球员和俱乐部间合同的稳定性

13　遵守合同

职业球员与俱乐部之间所签订的合同只可在合同期满或双方同意的情况下终止。

14　以正当理由终止合同

1. 合同双方的任意一方都可以正当理由终止合同，不予追究责任（支付赔偿金或受到纪律处罚）。

2. 任何一方通过不当行为迫使对方终止合同或变更合同条款，另一方（球员或俱乐部）有权以正当理由终止合同。

14 之一　以欠薪为正当理由终止合同

1. 如果俱乐部在截止日期内未按合同要求支付球员至少两个月的薪酬，该球员则有正当理由终止其合同。但前提是，该球员已向债务人俱乐部发送书面违约通知，并给予其至少 15 天的履行宽限期。本条款生效时，可考虑合同中的其他条款。

2. 对于非按月支付的球员薪酬，则应按比例计算相当于两个月薪酬的金额。当延迟支付的薪酬金额与至少两个月的薪酬金额相等时，也应视为该球员有终止合同的正当理由，但须符合上文第 1 款规定的终止前提。

3. 当雇主和雇员双方代表根据国家法律在国内层面协商的劳资协议与上文第 1 款和第 2 款的原则冲突时，以该劳资协议的条款为准。

15   以正当体育理由终止合同

若一名职业球员在一个赛季中代表其俱乐部的比赛少于该俱乐部参与的官方比赛的10%，则球员可以提前终止合同，此为正当体育理由。这种情况下需充分考虑球员的实际情况。正当体育理由的情况应区别对待。球员以正当体育理由提前终止合同不受体育处罚，但可能涉及经济赔偿。球员只能在其所注册俱乐部该赛季最后一场官方比赛结束15天内依据正当体育理由终止合同。

16   比赛期终止合同的限制

在比赛期不得单方面终止合同。

17   无正当理由终止合同的后果

以下条例适用于无正当理由终止合同的情况：

1. 任何情况下，违约方都要支付赔偿金。根据第20条和附件4有关培训补偿的规定，除非合同另有说明，否则任何情况下违约方都要支付赔偿金。违约赔偿金依据国家法律、体育特殊性以及下列客观标准确定。这些标准包括：球员在现有合同和/或在新合同中的薪酬及其他福利、现有合同的剩余时间（最多不超过5年）、由原俱乐部支付或承担的费用（均摊到合同年限中）以及违约是否发生在保护期内。

考虑到上述原则，支付给球员的赔偿金计算如下：

i. 如果球员在终止合同后未签订任何新合同，一般情况下，赔偿金等于提前终止合同的剩余价值。

ii. 如果球员在裁决时已签订了新合同，则与剩余合同期间相对应的新合同价值应从提前终止合同的剩余价值中扣除（即"缓和赔偿"）。此外，如果由于逾期支付而导致合同提前终止，除缓和赔偿外，球员还可获得三个月的薪酬（即"额外赔偿"）。如拖欠情况严重，额外赔偿最多可增加至六个月的薪酬，但总赔偿金不得超过提前终止合同的剩余价值。

iii. 当雇主和雇员双方代表根据国家法律在国内层面协商的劳资协议与上文第1款和第2款的原则冲突时，以该劳资协议的条款为准。

2. 赔偿权利不可转让给第三方。若球员被要求支付赔偿金，则赔偿金额须由球员和新俱乐部共同承担，其中各自分担数额可由合同约定或协商确定。

3. 在保护期内违约的球员，除支付赔偿金外，还将受到体育处罚，即禁止其在 4 个月内参加任何官方比赛，情节严重者可禁赛 6 个月。禁赛处罚在告知球员相关裁决时立即生效。在当前赛季的最后一场官方比赛与下一赛季的第一场官方比赛之间的这段时间内（杯赛及俱乐部国际锦标赛均包含在内），体育处罚将暂停执行。但是，如果球员是其有权代表的协会代表队的既定成员，而该协会在此期间参加了国际锦标赛的决赛，体育处罚不得暂停执行。在保护期外，球员无正当理由或体育正当理由单方面违约可不受体育处罚，但若球员未在其效力的俱乐部该赛季最后一场比赛（包括杯赛）之后 15 天内通知俱乐部解约，仍将受到纪律处罚。续签合同后，原合同的期限延长，保护期将重新开始计算。

4. 在保护期内违约或诱导违约的俱乐部，除支付赔偿金外，还将受到体育处罚。任何与无正当理由终止合同的职业球员签约的俱乐部将被视为诱导职业球员违约，并被施加在完整以及连续两个注册期内不得注册任何国内或国际新球员的处罚。俱乐部只有在相关体育处罚于下一个注册期开始前已全部执行完毕的情况下，才能注册国内或国际新球员。特别是不可使用本规定第 6 条第 3 款中的特例提前注册球员。

5. 受《国际足联章程》和有关规则管辖的任何个人为促成球员转会而诱导球员和俱乐部违约，均将受到制裁。

18　职业球员和俱乐部间合同的特殊条款

1. 根据《国际足联足球经纪人条例》，在提供足球经纪人服务后签订的任何雇佣合同均应明确足球经纪人的姓名、客户、国际足联证书编号和签名。

2. 雇佣合同最短期限应从生效日期到一个赛季结束，最长期限为 5 年。任何超过此期限的合同必须符合国家法律。未达 18 周岁的球员签订的职业球员合同不得超过 3 年，否则不予承认。

3. 有意与球员签约的俱乐部，在书面通知球员现所在俱乐部后方可与该球员商谈合同。职业球员只有在现合同期满或期满前 6 个月内，方可与新俱乐部签订合同。任何违背本规定的行为均将受到相应制裁。

4. 合同的有效性不受体检结果或是否获得工作许可的影响。

5. 球员在同一时期签署 1 份以上合同的，适用第四章的规定。

6. 合同条款授予俱乐部超过合同规定期限的额外时间（所谓的"宽限期"）来支付职业球员薪酬的，将不予承认。然而，雇主和雇员代表根据国内法协商的在国内适用的有效劳资协议中约定宽限期的，宽限期应得到承认并具有法律约束力。在本条款生效时已存在的合同不受此禁令的影响。

7. 女球员在合同期内有权休产假，产假的薪酬相当于合同薪酬的三分之二。但俱乐部所在国的国内法有更优条件规定的，应适用更优规定。

五　第三方对球员经济权利的影响和所有权

18 之一　第三方对俱乐部的影响

1. 任何俱乐部不得允许其与球员签订的合同受第三方的影响，或使第三方有可能影响其雇佣关系和转会事宜上的独立性、政策和球队表现。

2. 国际足联纪律委员会对不遵守此条款的俱乐部将采取纪律处罚措施。

18 之二　第三方对球员经济权利的所有权

1. 任何俱乐部或球员均不得与第三方签订协议，使第三方有权在球员未来转会中获得部分或全部补偿金，或获得球员未来转会或转会补偿金的权利。

2. 第 1 款中的禁止性规定于 2015 年 5 月 1 日生效。

3. 2015 年 5 月 1 日之前签署的包含第 1 款规定情形的协议，在合同期满前仍然有效。但是，该协议期限不得延长。

4. 2015 年 1 月 1 日至 2015 年 4 月 30 日期间签署的包含第 1 款规定情形的任何协议，其有效期不得超过一年。

5. 到 2015 年 4 月底，全部现有包含第 1 款规定情形的协议都须在 TMS 登记。签署此类协议的所有俱乐部都必须在转会匹配系统内上传完整协议，包括附件或附加协议，并指明相关第三方的详细信息、球员全名以及协议有效期。

6. 国际足联纪律委员会对不遵守此条款的俱乐部或球员将采取纪律处罚措施。

六　女性球员的特殊规定

18 之三　女性球员的特殊规定

1. 合同的有效性不得受制于球员在合同期限内怀孕、休产假或行使一般生育相关正当权利。

2. 如果俱乐部以球员怀孕、休产假或行使一般生育相关正当权利为由单方解除合同，将视为俱乐部无正当理由解除合同。

a）除非有相反证据，否则应推定俱乐部在女性球员怀孕或产假期间单方面终止合同是由于女性球员怀孕或备孕。

3. 作为第 17 条第 1 款规定的例外，因女性球员怀孕或备孕而解除合同的：

a）应按如下方式计算支付的赔偿金：

i. 如果在前合同解除后球员未签署任何新合同，一般而言，赔偿金数额应等于提前解除合同的剩余价值；

ii. 如果球员在裁决时已签订了新合同，则与剩余合同期间相对应的新合同价值应当从提前终止合同的剩余价值中扣除；

iii. 在上述两种情况下，球员有权获得相当于按原合同计算的 6 个月薪酬作为额外赔偿。

iv. 当雇主和雇员双方代表根据国家法律在国内层面协商的劳资协议与上文第 1 款和第 2 款的原则冲突时，以该劳资协议的条款为准。

b）任何俱乐部因女性球员怀孕或备孕、休产假或行使生育相关的权利而单方解除合同的，除支付赔偿金外，还将受到体育处罚。上述俱乐部将在完整以及连续两个注册期内不得注册任何国内或国际女性新球员。俱乐部只有在相关体育处罚于下一个注册期开始前已全部执行完毕的情况下，才能注册国内或国际女性新球员。特别是不可使用本规定第 6 条第 3 款 c）项中的特例和措施提前注册女性球员。

c）处以上述 b）款处罚的同时可并处罚款。

4. 在合同期间，怀孕的女性球员享有以下权利：

a）经过（女性球员和俱乐部共同选择的）主治医生和独立医疗专家确认安全性后继续为俱乐部效力（即参赛和训练）。在这种情况下，女性球员所在俱乐部有义务尊重其继续效力的决定，并为其以安全的方式继续参加体育运动制定计划，优先考虑球员和未出生婴儿的健康状况。

b）如果女性球员的主治医师认为继续进行体育活动不安全，或女性球员选择不继续提供体育服务，可以其他方式向俱乐部提供体育服务。在这种情况下，俱乐部有义务尊重该球员的决定并与一起制定该球员可提供的雇佣服务计划。在休产假之前，女性球员有权获得全部薪酬。

c）根据可享受的最短带薪休假期（参见定义部分），女性球员可以自主确定产假的开始日期。任何俱乐部强制或强迫女性球员在某一特定时间休产假的，将被 FIFA 纪律委员会处罚。

d）经过（女性球员和俱乐部共同选择的）主治医生和独立医疗专家确认安全性后，休完产假后重新参加足球活动的权利。在这种情况下，俱乐部有义务尊重女性球员的决定，让该球员重新参加足球活动［参见第 6 条第 3 款 b）项］，并持续提供充分的医疗支持。重返足球活动后，女性球员有权获得全额薪酬。

5. 女性球员在为俱乐部效力的同时应有机会哺乳婴儿。俱乐部应根据国内法或劳资协议的规定为女性球员提供恰当的设施。

七 未成年球员的国际转会

19 未成年球员保护

1. 只有 18 周岁以上的球员方可进行国际转会。

2. 以下五种情况除外：

a）球员父母因与足球无关的原因搬迁到新俱乐部所在国家。

b）球员在 16 周岁至 18 周岁之间，且：

i. 转会发生在欧盟（EU）内或欧洲经济区（EEA）内；或者

ii. 转会发生在同一国家内的两个足球协会之间。

新俱乐部必须履行以下最低义务：

iii. 为球员提供国内最高水平的足球教育或训练（参见附件 4 第 4 条）。

iv. 除提供足球教育或训练外，还须保证球员接受文化教育或职业技能培训，使其在结束职业足球生涯后仍可从事其他非足球工作。

v. 提供所有必要安排确保球员受到尽可能最好的照顾（包括提供寄

宿家庭或俱乐部里的最佳生活水平，在俱乐部为其安排辅导员等）。

vi. 这样的球员一经注册，俱乐部须向有关协会提供其遵守上述义务的证明。

c）球员住在离国境线不到 50 千米的地方，而球员希望注册的毗邻协会属下的俱乐部也距离国境线 50 千米内，且球员住所和俱乐部所在地之间的最远距离为 100 千米。这种情况下，球员必须继续住在家中，且有关的两个协会必须明确同意。

d）球员出于下列人道主义原因，在没有父母陪同下逃离原国籍国（或原居住国），允许其至少暂时居住于到达国和/或被国家主管当局认定为弱势群体，需要到达国对其进行国家保护：

i. 球员的生命或自由因种族、宗教、国籍、属于特定社会群体或持有特定政治见解而受到威胁；或者

ii. 存在其他生存受到严重威胁的情况。

如果未成年球员已被正式承认为难民或受保护人士，他们可以在职业俱乐部或纯业余俱乐部注册。对于未成年球员在年满 18 周岁之前的任何后续国内转会均无限制。

如果未成年球员已被正式承认为寻求庇护者，或已被国家主管当局根据上文第 19 条第 2 款 d）项认定为弱势群体，他们只能在纯业余俱乐部注册。他们随后可在国内转会，但在年满 18 周岁前不允许在职业俱乐部注册。

e）球员是一名学生，由于学业原因暂时离开父母前往另一个国家进行交换项目。在球员 18 岁前或者在交换项目结束前在新俱乐部注册的时间不得超过 1 年。球员的新俱乐部只能是纯业余俱乐部，无职业球队或与职业俱乐部无法律、经济或事实联系。

3. 本条规定也适用于之前未在俱乐部注册过，而首次在非原国籍国的协会注册，且在该注册的协会所在国未连续居住满 5 年的球员。

4. 如果未成年球员年满 10 岁，足球仲裁庭的球员身份裁决庭（PSC）必须批准：

a）球员根据第 2 款进行的国际转会；

b）球员根据第 3 款进行首次注册；或者

c）在希望注册的协会所在国（非原国籍国）连续居住达 5 年以上的未成年球员进行首次注册。

5. 在向协会提出任何签发 ITC 和/或首次注册的申请前，都需要根据第 4 款获得 PSC 的批准。

6. 如果有关的未成年球员年龄在 10 岁以下，拟注册球员的协会有责任按照其所属俱乐部的要求，核实并确保球员的情况毫无疑问地属于上述第 2 款、第 3 款或者第 4 款 c）项规定的例外之一，此类核实应在所有注册之前进行。

7. 协会可以向足球仲裁庭的球员身份裁决庭提出 LME 申请。

a）如果授予 LME，则仅在特定条款和条件下针对将在纯业余俱乐部注册的业余未成年球员，免除第 4 款规定的申请义务。

b）在这种情况下，在要求签发 ITC 和/或首次注册之前，相关协会必须核实并确保球员的情况毫无疑问属于第 2 款、第 3 款或者第 4 款 c）项规定的例外之一。

8. 通过国内转会、国际转会或首次注册方式注册未成年球员的俱乐部应：

——对未成年球员负有注意义务；

——采取任何合理的措施保护未成年球员不受任何可能的虐待；

——确保未成年球员有机会接受学术教育（根据国家最高标准），以便他们有能力从事足球以外的工作。

9. 对本条所述事项，向足球仲裁庭的球员身份裁决庭申请的程序载于《足球仲裁庭程序规则》。

19 之一 足校未成年球员的登记和报告

1. 运营足校（在俱乐部的组织架构内或通过与俱乐部有法律、财务或实际联系的独立实体运营）的俱乐部有义务向俱乐部所属会员协会报告所有在校未成年球员（无论该球员是否在俱乐部注册）的情况。当此类足校在俱乐部所属会员协会的管辖范围之外运营时，俱乐部应向足校所在地的会员协会报告。

2. 各会员协会应要求在其管辖范围内经营的，与俱乐部没有法律、财务或实际联系的所有足校（私立足校）向其报告所有在校未成年球员情况。各会员协会应将其知悉的私立足校发生的任何不当行为报告给有关当局，并采取一切必要措施保护未成年球员不受可能的虐待。

3. 各会员协会应存有一份球员名册，其中至少包括以下信息：俱乐部或足校报告的未成年球员的全名（名，中间名及姓）、国籍、出生日期、原国籍国（或原居住国）、经纪人（如有）和经营足校的俱乐部。

4. 希望与私立足校合作的俱乐部应：

a）向俱乐部所属会员协会报告该合作关系；

b）确保私立足校向足校所在地的会员协会报告未成年球员；

c）在与私立足校签订合作协议前，确保该足校采取保护未成年人的适当措施；

d）向有关当局报告可能意识到的任何不当行为，采取一切必要措施保护未成年球员不受可能的虐待。

5. 通过报告制度，保证足校和球员按照《国际足联章程》从事足球活动，并遵守和推动有组织的足球赛事的道德原则。

6. 在下列情况下，各会员协会应向国际足联报告在其管辖范围内就读足校的每一名未成年球员：

a）未成年球员不是会员协会所在国的国民；

b）未成年球员未在会员协会所在国连续居住达五年。

该报告应包含对未成年球员是否符合第19条要求的初步评估。

7. 任何违反本条款的行为都将由国际足联纪律委员会依据《国际足联纪律准则》进行处罚。

19 之二   试训

针对所有试训球员的一般条款

1. 俱乐部可以邀请一名球员在某一确定的期限内试训。职业球员（根据本规程第2条的定义）只有在得到其当前俱乐部的明确书面许可的情况下，才能参加其他俱乐部的试训。

2. 试训开始前，俱乐部和受邀球员应签署《国际足联试训表》，对试训条件（如住宿费、交通费、餐费和日常费用）达成一致。一份完整且正式签署的《国际足联试训表》必须在试训开始前至少十天由试训俱乐部上传到国际足联TMS。

3. 在试训期间，俱乐部对试训球员负有注意义务。特别是，试训球员如在试训期间因参加足球活动受伤，俱乐部应为其提供医疗服务，并支付任何必要的医疗费用。

4. 对于21周岁及以下的球员，在任一赛季，每家俱乐部的试训时间最长为八周（可连续或不连续计算）。对于 21 周岁以上的球员，在任一赛季，每家俱乐部的试训时间最长三周（可连续或不连续计算）。

5. 试训球员只允许参加友谊赛和任何不属于有组织足球赛事范围的活动。这种友谊赛必须在试训期间进行。

6. 任何受《国际足联章程》约束的人不得要求、提供和/或接受任何与试训有关的报酬，但不影响俱乐部和试训球员根据上述第 2 段达成的关于试训条件的协议的适用。

7. 试训俱乐部无权获得球员试训期间的青训补偿。

针对试训未成年球员的特殊条款

8. 除一般条款外，未成年球员只有满足如下条件才能参加俱乐部的试训：

a）试训始于：

i. 试训未成年球员 16 周岁赛季；或者

ii. 如果未成年球员的住所和俱乐部的所在地都在欧洲，则为试训未成年球员 15 周岁赛季。

b）俱乐部获得未成年球员父母的明确书面许可；

c）俱乐部指定一名员工作为试训未成年球员的联络人；

d）俱乐部保证为试训未成年球员提供最佳的住宿和生活标准，并支付相关费用；

e）对于 16 周岁以下的业余未成年球员，该未成年球员所注册的俱乐部将被告知试训情况，并向其提供完整并正式签署的《国际足联试训表》。

9. 未成年球员每年只能参加两次试训，且均都受第 19 之二条第 4 款规定的最长期限的限制。

其他事项

10. 当雇主和雇员双方代表根据国家法律在国内层面协商的劳资协议与上述最低标准和/或球员离开俱乐部参加试训时的附加条件不一致的，优先适用劳资协议中的条款。

制裁

11. 任何未履行《国际足联试训表》中约定的条件，或未在 TMS 中上传完整并正式签署的《国际足联试训表》和/或任何违反本规程的行为，都将被 FIFA 纪律委员会根据《国际足联纪律准则》实施纪律处罚。在纪律处罚程序中，试训球员和有关俱乐部在纪律委员会处都属于程序当事方。

八 培训补偿和联合机制补偿

20 培训补偿

培训补偿应支付给培训过球员的俱乐部的情形：（1）当球员首次注册为职业球员；（2）球员在 23 周岁生日结束前的每一次转会。无论在合同期间或合同结束时转会，新俱乐部都有支付培训补偿的义务。有关培训补偿的规定见本规程附件 4。培训补偿的原则不适用于女子足球。

21 联合机制补偿

如果职业球员在合同到期前转会，所有培训过该球员的俱乐部，均可从其因转会而支付给原俱乐部的补偿费中，获得相应比例的联合机制补偿。有关联合机制补偿的规定见本规程附件 5。

九 管辖权

22 国际足联的管辖权

1. 在不影响球员、教练、协会或俱乐部就雇佣争议向民事法院寻求救济权利的情况下，FIFA 有权管辖以下争议：

a）俱乐部和球员之间关于维持合同稳定性的争议（第 13—18 条），其中涉及 ITC 索要以及相关利益方就 ITC 索要的索赔，特别是关于 ITC 的签发问题、体育处罚以及违约赔偿引起的争议。

b）俱乐部和球员之间的国际雇佣争议；然而，双方可书面明确选择此类争议由国际足联根据国家争议解决庭原则正式承认的国家争议解决庭（NDRC）或以同等名义运作的国家级争议解决机构裁决。任何此类仲裁条款必须具有专属性，并直接包含在合同或适用于双方的劳资协议中。

c）俱乐部或协会与教练之间的国际雇佣争议；然而俱乐部和教练可书面明确选择此类争议由国际足联根据国家争议解决庭原则正式承认的国

家争议解决庭（NDRC）或以同等名义运作的国家级争议解决机构裁决。任何此类仲裁条款必须直接包含在合同或适用于双方的劳资协议中。

d）隶属不同协会的俱乐部之间的培训补偿（第 20 条）争议和联合机制补偿（第 21 条）争议，但不适用《国际足联清算所条例》。

e）与隶属同一协会的俱乐部之间的培训补偿（第 20 条）和联合机制补偿（第 21 条）争议，但前提是球员转会发生在隶属不同协会的俱乐部之间，但不适用《国际足联清算所条例》。

f）依据《国际足联清算所条例》第 10 条第 3 款审查电子球员参赛证（EPP）过程中涉及复杂法律或事实的事项，以及根据《国际足联清算所条例》第 18 条第 2 款规定的俱乐部之间的纠纷。

g）不属于上述 a）、d）、e）、f）情况的所有隶属于不同协会的俱乐部之间的争议。

2. 国际足联有权决定根据本规程或任何其他国际足联规定提出的监管申请。

23　足球仲裁庭

1. 足球仲裁庭争议解决庭应对第 22 条第 1 款 a）、b）、d）、e）和 f）项中所述的任何案件作出裁决。

2. 足球仲裁庭的球员身份裁决庭应对第 22 条第 1 款 c）、g）项和 2 款所述的任何案件作出裁决。

3. 如果引起争议的事件已发生超过两年，足球仲裁庭将不受理任何符合本规程的案件。

这一期限的适用应根据个别情况依职权加以审查。

4. 就第 22 条所述争议提出索赔的程序载于《足球仲裁庭程序规则》。

24　未及时支付相关到期款项的后果

1. 当：

a）足球仲裁庭命令一方（俱乐部或球员）向另一方（俱乐部或球员）支付一定款项时，应将未能及时支付相关款项的制裁措施写入裁决中；

b）争议各方接受（或不接受）FIFA 总秘书处根据《足球仲裁庭程序规则》作出的提议时，应将未能及时支付相关款项的制裁措施写入确认函中。

2. 这些制裁措施如下：

a）针对俱乐部：在尚未支付应付金额前，俱乐部不能注册任何国内或国际的新球员。根据下列第 7 款，注册禁令最长可达完整及连续的三个注册期。

b）针对球员：在尚未支付应付金额前，禁止其参加任何官方比赛。根据下列第 7 款，禁赛处罚最长可达六个月。

3. 如果足球仲裁庭有下列情况，上述后果可排除适用：

a）在同一案件中，根据第 12 之一条、第 17 条或第 18 之三条作出体育处罚；或者

b）被通知债务人俱乐部根据相关国内法处于破产清算状态且合法地无法履行 FIFA 的裁决。

4. 当案件适用上述制裁措施时，债务人必须在裁决通知后 45 天内全额支付相关款项（包括利息）。

5. 45 天的期限从裁决或确认函通知之日起算。

a）对裁决理由的有效请求可中止期限。裁决理由通知后，期限将继续起算。

b）向 CAS 上诉也可中止期限。

6. 债务人应当根据裁决或确认函的规定，向债权人提供的银行账户全额支付款项（包括利息）。

7. 当裁决具有终局效力，债务人限期内未全额支付款项（包括所有利息）：

a）债权人可请求 FIFA 执行相应制裁措施。

b）根据债权人的请求，FIFA 将通知债务人将适用的制裁措施。

c）FIFA 通知后相应制裁措施将立即执行，为免生疑问，如果在开放的注册期内，该制裁措施亦须执行。在这种情况下，注册期的剩余期限将视为第 2 款 a）项意义上的第一个"完整"注册期。

d）只有根据下列第 8 款的规定，相关制裁措施才能被解除。

8. 当相关制裁措施被执行时，债务人必须向 FIFA 提供全额支付相关款项（包括所有利息）的付款凭证，方能解除相关后果的执行。

a）收到付款凭证后，FIFA 将立即要求债权人在 5 日内确认是否全额收到相应款项（包括所有利息）。

b）收到债权人的确认或债权人限期内未回复的，FIFA 将通知各方解除相关制裁措施。

c）FIFA 通知后相关制裁措施将立即解除。

d）尽管有上述规定，相关款项（包括所有利息）未全额支付的，制裁措施将一直执行至债务人履行相应义务为止。

25 裁决和确认函的执行

1. 债务人的体育继承者将被视为债务人，且需履行足球仲裁庭发布的裁决或确认函中的义务。总部、名称、公司形式、球队颜色、球员、股东或利益相关者或比赛种类是评估一个实体是否是另一个实体的体育继承者的标准。

2. 债务人被足球仲裁庭要求向债权人支付一定金额的款项（逾期款项或赔偿金）时：

a）债务人向债权人全额支付相应款项（包括任何利息）即为支付完毕。

b）债务人从要求支付的金额（包括利息）中单方扣减一定的金额将不被视为支付完毕。

3. 下列行为与第 12 之一条、第 17 条、第 18 之三或第 24 条规定的注册禁令不相冲突：

a）职业球员仅因租借协议自然到期的租借返还；

b）职业球员的租借期在租借协议自然到期前延长；

c）临时在俱乐部注册的职业球员进行永久转会的优先于注册禁令的适用；

d）已经在俱乐部注册的业余球员注册为职业球员的优先于注册禁令的适用。

十 最终条款

26 过渡性措施

1. 本规程生效前提交至 FIFA 的任何案件适用之前的规程进行审定。

a）对于任何已经提交到国际足联的案件，截至 2021 年 10 月 1 日，球员身份裁决庭、争议解决庭或其任何下设委员会未作出裁决的，应由足球仲裁庭相关分庭根据《足球仲裁庭程序规则》作出裁决；

b）有关《足球仲裁庭程序规则》的临时条款应适用于这些案件。

c）第 22 条第 1 款 b）项和 c）项仅适用于自 2025 年 1 月 1 日起交国际足联的案件。任何其他案件均应按照之前的规定进行评估。

2. 通常情况下，其他所有案件都应根据本规程审定，以下情况除外：

a）培训补偿争议；

b）联合机制补偿争议；

对于不适用此一般规定的案件，应根据签约时或争议事实出现时有效的规程裁定。

3. 会员协会将根据第 1 条修订各自的规程，并将其提交国际足联批准。尽管有前述规定，各会员协会应执行第 1 条第 3 款 a）项的规定。

4. 本规程生效时，会员协会的比赛期（参见本规程定义 41）已经开始，且在该比赛期内的第一个注册期已结束，适用下列规定：如果第一个注册期少于 12 周，在同一比赛期内的第二个注册期最长可达 8 周，但两次注册期时间总计不超过 16 周。

27　未尽事宜

任何在本规程中的未尽事宜及不可抗力案件将由国际足联执委会裁决，其裁决为最终裁决。

28　官方语言

如对本规程英语、法语或西班牙语文本的翻译有歧义，以英语文本为准。

29　生效

本规程于 2023 年 12 月 13 日由国际足联理事会批准，并于 2024 年 2 月 1 日生效。

FIFA 执委会因新冠疫情批准的临时修订将在未来定期审查并相应地删除。

FIFA 执委会因乌克兰战争批准的监管修订将定期接受。

附件 1　放行球员回国参加国家队比赛

1　男子足球的原则

1. 如果球员被其国籍所在协会召回参加国家队比赛，其所属俱乐部必须放行。球员和俱乐部之间任何与此规定相反的协议无效。

2. 对所有列入国际竞赛日历的国际窗口（参见下文第 3、4 款）、国际足联世界杯决赛、国际足联联合会杯、洲际足联"A"级代表队参加的锦标赛，均强制适用本条第 1 款的放行规定。

3. 在与相关方咨询后，国际足联会发布为期四年或八年的国际竞赛日历，其中包括所有相关时期的国际窗口（参见下文第 4 款）。国际比赛日历后发布后，只有国际足联世界杯决赛、国际足联联合会杯以及洲际足联"A"级代表队参加的锦标赛可添加到其中。

4. 国际窗口是为代表队活动预留的时间段，其时间为第一周周一早至第二周周二晚为期九天的期间（下列临时规定除外）。在任何国际窗口期间，无论是国际比赛的资格赛或是友谊赛，每支代表队最多参加 2 场比赛（下列临时规定除外）。相关比赛可安排在国际窗口期间从周三开始的任意一天，但前提是两场比赛之间至少间隔 2 日（例如，周四/周日或周六/周二）。

a) 在 2022 年 3 月国际窗口期间，大洋洲足球协会（OFC）下属协会：

i. 国际窗口延长 1 天；

ii. 每个代表队可最多参加 3 场比赛。

b) 在 2022 年 3 月国际窗口期间，中北美洲及加勒比海足球协会（Concacaf）下属协会：

i. 国际窗口延长 1 天；

ii. 每个代表队可最多参加 3 场比赛。

5. 代表队在一个国际窗口期内应在一个洲际足联内参加两场比赛（上述第 4 款的临时规定除外），跨洲际附加赛除外。如果两场比赛中至少有一场为友谊赛，只有两场比赛场地之间的距离在两个时区内且飞行时间不超过五个小时（根据航空公司官方航班时间表），则可以在两个洲际足联内进行。

6. 在国际窗口之外或国际竞赛日历的比赛（参见上文第 2 款）之外，放行球员不是强制性的，每年放行同一球员参加"A"级代表队决赛一次以上也不是强制性的。国际足联执委会可仅就国际足联联合会杯设立本规则的例外情况。

7. 在国际窗口期内，应不晚于周一早上放行球员出发与代表队汇合，以及不晚于国际窗口结束后的周三早上允许球员启程返回俱乐部，上述临时例外规定除外。对于上述第 2、3 款中的决赛阶段而言，最迟于决赛开始前一周的周一早上放行球员出发与代表队汇合，并于该队该项赛事最后一场比赛结束后次日早上允许球员返回俱乐部。

a）在根据第 4 款 a）和 b）项延长的国际窗口期间，球员最迟必须在国际窗口结束后的次日早上启程返回俱乐部。

8. 俱乐部和所属协会可以根据上文第 7 款，协商确定更长的放行时间或作出不同的安排。

9. 依据此条款被召回的球员必须在召回期结束后的 24 小时内返回俱乐部。如果比赛在不同于球员所属俱乐部注册的洲际足联举行，归队期限可延长至 48 小时内。球员在召回期开始 10 天前，书面告知俱乐部其归队日程。会员协会应确保球员在比赛后按时返回俱乐部。

10. 如球员没有按照上述条款在规定期限内返回俱乐部，应该球员所在俱乐部的要求，足球仲裁庭球员身份裁决庭有权决定该球员下次被所属会员协会召回的期限可被缩短，具体规定如下：

a）国际窗口：缩短两天；

b）国际锦标赛的总决赛阶段：缩短五天。

11. 如果反复违反上述条款，应该球员所在俱乐部的要求，足球仲裁庭球员身份裁决庭可采取下列制裁措施：

a）罚款；

b）进一步缩短放行期限；

c）禁止协会在后续比赛中召回球员。

1 之一　女子足球的原则

1. 如果球员被其国籍所在协会召回参加国家队比赛，其所属俱乐部必须放行。球员和俱乐部之间任何与此规定相反的协议无效。

2. 对所有列入女子国际竞赛日历的国际窗口（参见下文第 3、4 款）、国际足联女足世界杯决赛阶段、奥运会女足比赛、洲际足联女足"A"级代表队参加的锦标赛、各洲际足联组织的奥运会女足比赛预选赛决赛阶段，均强制适用本条第 1 款的放行规定。

3. 在与相关方咨询后，国际足联发布为期 4 年的国际女足竞赛日历，其中包括所有相关时期的国际窗口（参见下文第 4 款）、国际足联女足世界杯决赛阶段、奥运会女足比赛、洲际足联女足"A"级代表队参加的锦标赛和各洲际足联组织的奥运会女足比赛预选赛决赛阶段的封闭期。在发布国际女足竞赛日历后，仅可添加国际足联女足"A"级代表队参加的锦标赛及各洲际足联组织的奥运会女足比赛预选赛决赛阶段。国际足联女足"A"级代表队参加的锦标赛和各洲际足联组织的奥运会女足比赛预选赛决赛阶段必须在规定的封闭日期举行，而且开赛前至少 2 日前联合会需书面通知 FIFA 相关日期。

4. 国际窗口有三类：

a）I 类是指代表队活动预留的从第一周周一早至第二周周二晚为期 9 天的期间。在 I 类国际窗口期间，每支代表队最多参加两场比赛，无论是国际比赛的资格赛或者友谊赛。可以将相关比赛安排在国际窗口期间从周三开始的任意一天，但前提是两场比赛之间至少间隔两日（例如，周四/周日或周六/周二）。

b）II 类是指代表队资格赛和友谊赛预留的从第一周周一早至第二周周三晚为期 10 天的期间。在 II 类国际窗口期间，每支代表队最多可参加三场比赛。可以将相关比赛安排至国际窗口期间从周四开始的任意一天，但前提是两场比赛之间至少间隔两日（例如，周四/周日/周三）。

c）III 类是指为国际足联女足"A"级代表队参加的锦标赛预留的从第一周周一早至第二周周六晚为期 13 天的期间。在 III 类国际窗口期间，每支代表队最多可参加四场比赛。可以将相关比赛安排至国际窗口期间从周四开始的任意一天，但前提是两场比赛之间至少间隔两日（例如，周四/周日/周三/周六）。

5. 非国际窗口期间或在上述第 2 款国际竞赛日历的比赛外，放行球员非强制义务。

6. 在国际窗口期间，应不晚于周一早上放行球员出发与代表队汇合，以及不晚于国际窗口期结束后的周三早上（I 类窗口）或周四早上（II

类窗口）或周日早上（Ⅲ类窗口）允许球员返回俱乐部。对于各洲际足联举办的奥运会女足比赛预选赛决赛阶段，最迟于决赛比赛开始前一周的周一早上放行球员出发与代表队汇合，并于该队该项赛事的最后一场比赛结束后的第二天早上允许球员返回俱乐部。对于资格赛，最长放行期为16天（周一早上离队至协会放行回到俱乐部的期间）。对于上述第2款和第3款的决赛比赛，最迟于相关决赛开始前一周的周一早上放行球员，并于该队该项赛事的最后一场比赛结束次日早上允许球员返回俱乐部。

7. 俱乐部和所属协会可以根据上文第6款，协商确定更长的放行时间或作出不同的安排。

8. 依据此条款被召回的球员必须在召回期结束后的24小时内返回俱乐部。如果比赛在不同于球员所属俱乐部注册的洲际足联举行，归队期限可延长至48小时内。球员在召回期开始10天前，书面告知俱乐部其归队日程。会员协会应确保球员在比赛后按时返回俱乐部。

9. 如球员没有按照上述条款在规定期限内返回俱乐部，应该球员所在俱乐部的要求，足球仲裁庭球员身份裁决庭有权决定该球员下次被所属会员协会召回的期限将可被缩短，具体规定如下：

a）国际窗口：缩短两天；

b）国际比赛总决赛：缩短五天。

10. 如果反复违反上述条款，应该球员所在俱乐部要求，足球仲裁庭球员身份裁决庭可采取下列制裁措施：

a）罚款；

b）进一步缩短放行期限；

c）禁止协会在后续的比赛中召回球员。

1之二　五人制足球的原则

1. 如果球员被其国籍所在协会召回参加国家队比赛，其所属俱乐部必须放行。球员和俱乐部之间任何与此规定相反的协议均无效。

2. 对所有列入五人制国际足球比赛日历的国际窗口（参见下文第3、4款）、五人制足球世界杯决赛、洲际足联"A"级代表队参加的锦标赛，均强制适用本条第1款的放行规定。

3. 在与相关方咨询后，国际足联会发布为期四年的五人制足球国际竞赛日历，其中包括所有相关时期的国际窗口（参见下文第4款）。五人制足球国际竞赛日历后发布后，只有五人制足球世界杯决赛以及洲际足联"A"级代表队参加的锦标赛可添加到其中。

4. 国际窗口有两类：

a）第Ⅰ类是指代表队活动预留的从第一周周一早至第二周周三晚为期 10 天的期间。在第Ⅰ类国际窗口期间，每支代表队最多只能参加四场比赛，无论是国际比赛的资格赛或者友谊赛。代表队最多可以在不超过两个的联合会中参加四场Ⅰ型国际窗口内的比赛。

b）第Ⅱ类是指代表队活动预留的从第一周周日早至第二周周三晚为期 4 天的期间。在第Ⅱ类国际窗口期间，每支代表队最多只能参加两场比赛，无论是国际比赛的资格赛或者友谊赛。代表队在第Ⅱ类国际窗口内最多可在同一联合会境内进行两场比赛。

5. 非国际窗口期间或在上述第 2 款国际竞赛日历的比赛外，放行球员为非强制义务。

6. 在国际窗口期内，应不晚于国际窗口期首日早上（例如，周日或周一）放行球员出发与代表队汇合，以及不晚于国际窗口期结束后的周四早上允许球员返回俱乐部。对于洲际足联"A"级代表队参加的锦标赛决赛的，应不晚于相关决赛开始前 12 天上午放行球员出发与代表队汇合，以及不晚于代表队的最后一场比赛结束后的次日早上允许球员返回俱乐部。对于五人制足球世界杯，应不晚于世界杯开始前 14 天上午放行球员出发与代表队汇合，以及不晚于比赛最后一场结束后次日早上放行球员。

7. 俱乐部和所属协会可以根据上文第 6 款，协商确定更长的放行时间或作出不同安排。

8. 依据此条款被召回的球员必须在召回期结束后的 24 小时内返回俱乐部。如果比赛在不同于球员所属俱乐部注册洲际足联举行，归队期限可延长至 48 小时内。球员在召回期开始 10 天前，书面告知俱乐部其归队日程。会员协会应确保球员在比赛后按时返回俱乐部。

9. 如球员没有按照上述条款在规定期限内返回俱乐部，应该球员所在俱乐部的要求，足球仲裁庭球员身份裁决庭有权决定该球员下次被所属会员协会召回的期限将按可被缩短，具体规定如下：

a）国际窗口：缩短两天；

b）国际比赛总决赛：缩短五天。

10. 如果反复违反上述条款，应该球员所在俱乐部的要求，足球仲裁庭球员身份裁决庭可采取下列制裁措施：

  a）罚款；

  b）进一步缩短放行期限；

  c）禁止协会在后续比赛中召回球员。

2　财务规定及保险

1. 依据此附件放行球员的俱乐部无权要求任何经济赔偿。

2. 召回球员的会员协会应负担球员因被召回所发生的所有差旅费用。

3. 球员所注册俱乐部应负责球员整个被召回期间的伤病保险和意外事故保险。保险还必须包括球员在被召回期间参加国际比赛中的受伤保险。

4. 如果一名十一人制职业男子球员在被召回参加国际"A"类比赛期间因意外身体伤害并暂时失去行为能力，则该球员所注册的俱乐部可从国际足联获得补偿。有关补偿的条款和条件，包括损失处理程序都在技术公告——俱乐部保护计划中列明。

3　球员召回

1. 通常情况下，任何在俱乐部注册的球员均有义务在其协会召回其参加国家队比赛时回国参赛。

2. 会员协会如果要召回球员参赛，应在比赛日国际窗口开启前15天书面通知该球员（参见附件1第1条第4款）。如果是要求其参加国际比赛决赛，则需要在召回期开始前15天书面通知该球员。同时，会员协会也要书面通知该球员所属的俱乐部，俱乐部必须在随后的6天内确认放行该球员回国参赛事宜。

3. 只有在下列两种情况下，会员协会才可向国际足联求助使其在海外效力球员得到放行：

  a）球员注册的会员协会未成功干预。

  b）在需球员参加的比赛开赛至少5日前向FIFA提出请求。

4　球员伤病

因伤病原因不能应召的球员，如召回的会员协会要求，球员应接受该协会指定医生对其进行体检。如球员希望，体检也可在球员注册的会员协会所在地进行。

5　比赛限制

除非经相关会员协会同意，否则球员被召回期间或依据此附件应被召回期间，不得为其注册俱乐部比赛，或者需再加五日期限方能为注册俱乐部比赛。

6　纪律措施

任何违反本附件规定的行为将被 FIFA 纪律委员会根据《国际足联纪律准则》实施纪律处罚。

附件 2 教练雇佣规则

1 范围

1. 本附件规定了教练与职业俱乐部或协会之间的合同规则。

2. 本附件适用于下列教练：

a) 为他们的教练活动支付的费用高于其实际产生的费用；

b) 受雇于职业俱乐部或协会。

3. 本附件同样适用于十一人制足球教练和五人制足球教练。

4. 各协会的规则中都必须写明维持教练与俱乐部或协会之间合同稳定性的适当措施，遵守国家法律和劳资协议。

2 雇佣合同

1. 教练必须与俱乐部或协会签订以个人为基础的书面合同。

2. 一份合同应当包括雇佣合同基本要素，如合同标的、当事方权利义务、当事方身份和职业、约定的报酬、合同期限及双方签字等。

3. 根据《国际足联足球经纪人条例》，在提供足球经纪人服务后签订的任何雇佣合同均应明确足球经纪人的姓名、客户、国际足联证书编号和签名。

4. 合同是否生效不得受下列因素影响：

a) 发放工作或居留许可；

b) 持有特定教练员证书的要求；

c) 其他行政法规和行政规章的要求。

5. 在聘用过程中，俱乐部和协会必须开展尽职调查，以确保教练符合聘用的必要要求（例如持有所需的教练员证书）并履行其职责。

6. 合同条款授予俱乐部或者协会超过合同规定期限的额外时间（所谓的"宽限期"）来支付教练薪酬的，将不予承认。然而，雇主和雇员代表根据国内法协商的在国内适用的有效劳资协议中约定宽限期的，宽限期应得到承认并具有法律约束力。在本条款生效时已存在的合同不受此禁令的影响。

3　遵守合同

合同只可在合同期满或双方同意的情况下终止。

4　以正当理由解除合同

1. 合同双方任意一方都可以正当理由终止合同，不追究赔偿责任。

2. 任何一方通过不当行为迫使对方终止合同或变更合同条款的，另一方有权以正当理由终止合同。

5　以欠薪为正当理由解除合同

1. 如果俱乐部或协会在截止日期内未按合同要求支付教练至少两个月的薪酬，该教练则有正当理由终止其合同。但前提是，该教练已向债务人俱乐部发送书面违约通知，并给予其至少 15 天的履行宽限期。本条款生效时，可考虑合同中的其他条款。

2. 对于非按月支付的教练薪酬，则应按比例计算相当于两个月薪酬的金额。当延迟支付的薪酬金额与至少两个月的薪酬金额相等时，也应视为该教练有终止合同的正当理由，但须符合上文第 1 款规定的终止前提。

3. 当雇主和雇员双方代表根据国家法律在国内层面协商的劳资协议与上文第 1 款和第 2 款的原则冲突时，以该劳资协议的条款为准。

6　无正当理由终止合同的后果

1. 任何情况下，违约方都要支付赔偿金。

2. 除非合同中另有说明，违约赔偿金将依据下列标准确定：

应付教练的赔偿金：

a）如果教练在终止合同后未签订任何新合同，一般情况下，赔偿金等于提前终止合同的剩余价值。

b）如果教练在裁决时已签订了新合同，则与剩余合同期间相对应的新合同价值应从提前终止合同的剩余价值中扣除（即"缓和赔偿"）。此外，如果由于逾期支付而导致合同提前终止，除缓和赔偿外，教练还可获得三个月的薪酬（即"额外赔偿"）。如拖欠情况严重，额外赔偿最多可增加至六个月的薪酬，但总赔偿金不得超过提前终止合同的剩余价值。

c）雇主和雇员代表根据国内法协商的在国内适用的有效劳资协议中

的条款与此处规定不一致的，优先适用劳资协议中的条款。

应付俱乐部或足球协会的赔偿金：

d）赔偿应以俱乐部或协会因合同终止而发生的损失和费用为基础计算，并对如下事项予以适当考虑，特别是在提前终止的合同和/或在任何新合同下应付给教练的剩余报酬和其他福利，由原俱乐部支付或承担的费用（均摊到合同年限中）以及体育特殊性原则。

3. 赔偿权利不可转让给第三方。

4. 任何受《国际足联章程》约束的人，诱导教练与俱乐部或者协会违约，都将受到制裁。

7　逾期支付

1. 俱乐部和协会必须按照与教练签订的合同条款，履行对教练的付款义务。

2. 若发现任何俱乐部或协会在没有初步证明的合同基础的情况下，逾期付款超过 30 天，则可根据下文第 4 款对俱乐部进行制裁。

3. 为使俱乐部或协会根据本条款的要求视为存在逾期应付款，债权人教练必须已向债务人俱乐部或会员协会发送书面违约通知，并给予其至少 10 天的履行宽限期。

4. 在其管辖范围内，足球仲裁庭可实施下列制裁：

a）警告；

b）谴责；

c）罚款。

5. 上文第 4 款中的制裁措施可并罚。

6. 重复违反规定将被视为加重情节，并将导致更严厉的处罚。

7. 本条款不影响上述第 6 条第 2 款针对单方解除合同的进一步措施的适用。

8　未及时支付相关到期款项的后果

1. 当：

a）足球仲裁庭命令一方（俱乐部、教练或协会）向另一方（俱乐部、教练或协会）支付一定款项时，应将未能及时支付相关款项的制裁措施写入裁决中；

b）争议各方接受（或不接受）FIFA 总秘书处根据《足球仲裁庭程序规则》作出的提议时，应将未能及时支付相关款项的制裁措施写入确认函中。

2. 这些制裁措施如下：

a）针对俱乐部：在尚未支付应付金额前，禁止俱乐部注册任何国内或国际的新球员。根据下列第 7 款，注册禁令的总体期限最长可达完整及连续的三个注册期。

b）针对协会：根据下列第 7 款，在尚未支付应付金额前，禁止协会获得一定比例的发展基金。

c）针对教练：在尚未支付应付金额前，禁止教练参加足球相关活动。根据下列第 7 款，该限制处罚最长可达 6 个月。

3. 当足球仲裁庭被通知债务人俱乐部或协会根据相关国内法处于破产清算状态且合法地无法履行 FIFA 的裁决时，上述后果可能被排除适用。

4. 当案件适用上述制裁措施时，债务人必须在裁决通知后 45 天内全额支付相关款项（包括利息）。

5. 45 天的期限从裁决或确认函通知之日起算。

a）对裁决理由的有效请求可中止期限。裁决理由通知后，期限将继续起算。

b）向 CAS 上诉也可中止期限。

6. 债务人应当根据裁决或确认函的规定，向债权人提供的银行账户全额支付款项（包括利息）。

7. 当债务人在期限内未全额支付款项（包括所有利息），裁决将具有最终约束力：

a）债权人可请求 FIFA 执行相应制裁措施。

b）根据债权人的请求，FIFA 将通知债务人将适用的制裁措施。

c）FIFA 通知后相应制裁措施将立即执行，为免生疑问，如果在开放的注册期内，该制裁措施亦须执行。在这种情况下，注册期的剩余期限将视为第 2 款 a）项意义上的第一个"完整"注册期。

d）根据下列第 8 款的规定，相关制裁措施可能被解除。

8. 当相关制裁措施被执行时，债务人必须向 FIFA 提供全额支付相关款项（包括所有利息）的付款凭证，方能解除相关后果的执行。

a）收到付款凭证后，FIFA 将立即要求债权人在 5 日内确认是否全额收到相应款项。

b）收到债权人的确认，或债权人限期内未回复的，FIFA 将通知各方解除相关制裁措施。

c）FIFA 通知后相关制裁措施将立即解除。

d）尽管有上述规定，相关款项（包括所有利息）未全额支付的，制裁措施将一直执行至债务人履行相应义务为止。

9. 为免生疑问，第 25 条的规定同样适用于本附件。

附件 3　球员国际转会和转会匹配系统

第 1 部分：一般规则

1　目标

1. 转会匹配系统（TMS）的设计是为了实现足球转会系统的目标。

2. TMS 还有以下具体目标：

a）监督和规范球员国际转会程序；

b）向足球主管部门提供有关足球转会系统的信息；

c）提高国际足球转会系统的透明度、效率和可信度；

d）明确区分与国际球员转会有关的不同付款；

e）确保未成年球员受保护。

2　范围

1. 本附件规定了在 TMS 中球员国际转会的程序。

2. 在十一人制足球比赛中，会员协会和俱乐部必须使用 TMS 来进行职业球员和业余球员的国际转会。

3. 国际足联许可会员协会和俱乐部免费使用 TMS。任何人不得因使用 TMS 而被收费。

第 2 部分：TMS 用户

3　一般规定

1. 国际足联许可会员协会和俱乐部使用 TMS，在球员国际转会的情况下，TMS 用户将被授权代表俱乐部或会员协会在 TMS 中执行转会操作。

2. 国际足联总秘书处被授权执行本附件中规定的操作。

4　获取 TMS 访问权限的程序

1. 只有国际足联授权用户才能访问 TMS。

协会

2. 首次访问 TMS 时，会员协会应指定至少两名 TMS 用户，相关用户应接受国际足联的培训。

3. 会员协会可以随时指定一名新的 TMS 用户。新的 TMS 用户应由会员协会现 TMS 授权用户对其进行培训。培训完成后，会员协会应通过 TMS 提交新的用户请求。

俱乐部

4. 首次访问 TMS 时，俱乐部应指定至少一名 TMS 用户，相关用户应接受俱乐部所属会员协会的培训。培训完成后，会员协会应通过 TMS 提交新的用户请求。

5. 俱乐部可以随时指定一名新的 TMS 用户。新的 TMS 用户应由俱乐部现有的 TMS 授权用户对其进行培训，或者在没有 TMS 授权用户的情况下，由俱乐部所属会员协会对其进行培训。培训完成后，会员协会应通过 TMS 提交新的用户请求。

5 TMS 用户的要求

1. 有资格成为 TMS 用户的个人：

a）应是俱乐部或会员协会直接聘用的员工。在没有雇员的情况下，可以是志愿者或执行委员会委员；

b）应由相关会员协会或俱乐部的 TMS 用户对其进行 TMS 操作培训，或完成 TMS 在线学习培训课程；

c）应掌握基础的计算机操作技能；

d）至少熟练使用国际足联官方语言中的一种：英语、法语或西班牙语；

e）应通过国际足联的背景调查，特别要确保潜在用户从未因如下刑事指控被判有罪：有组织犯罪、贩毒、贪污、贿赂、洗钱、逃税、欺诈、操纵比赛、挪用资金、侵占罪、违反信托责任、伪造、渎职、性虐待、暴力犯罪、骚扰、利用儿童或弱势青年非法交易和/或类似事项；

f）不能同时作为多个组织的 TMS 用户；

g）不能担任任何可能产生利益冲突的职位或从事任何相关活动；

h）不能是职业球员；

i）不能是足球经纪人；

j）应提供一个非通用或共享的个人电子邮件地址（如果可能的话，企业电子邮箱地址）；

k）应年满 18 周岁。

2. 会员协会可以在其管辖范围内为 TMS 用户设定其他最低要求。

第 3 部分：义务

6　一般义务：俱乐部和协会

1. 俱乐部和会员协会对其各自指定的 TMS 用户的所有行为负责。

2. 俱乐部和会员协会应始终：

a）诚实行事；

b）遵守《国际足联章程》和所有国际足联规章制度；

c）通知国际足联任何涉嫌违反国际足联规章制度的行为；

d）对 TMS 中获取的所有数据保密，并且以最高的谨慎态度保证所有信息的严格保密，作为例外，只在其直接参与的球员转会中使用保密数据；

e）确保只有获得授权的 TMS 用户才能代表其访问 TMS；

f）定期查看 TMS，确保随时履行义务；

g）尽快解决 TMS 中待处理事项；

h）确保拥有履行义务所需的一切必要设备、培训和专门知识；

i）仅为国际足联规章制度中列明的目的使用 TMS；

j）确保任何 TMS 授权用户的电子邮件地址的有效性，并随时予以更新；

k）要求不再具有授权代表身份的原 TMS 用户停用相关账户；

l）确保所有输入的信息真实无误；

m）确保上传至 TMS 的所有文件真实、完整和清晰。上传的文件应符合要求的类型（例如，不应在"转会协议"部分上传"雇佣合同"）。文件应以 PDF 格式上传；

n）如国际足联总秘书处要求，应将文件（或节选部分）翻译成国际足联官方语言（英语、法语或西班牙语）之一的版本上传至 TMS。

3. 为确保各俱乐部和会员协会履行本附件规定的义务，国际足联总秘书处应调查与国际转会有关的事项。在国际足联对球员国际转会以及俱乐部和会员协会使用 TMS 进行调查时，俱乐部和会员协会应予以配合。特别是，俱乐部和会员协会应配合查明事实，遵守期限规定，根据国际足联要求提供所持有的或未持有但有权在国际足联规定期限内获得的任何文件、资料或其他性质的材料。

7　具体义务：俱乐部

有权访问 TMS 的俱乐部应：

a）始终拥有至少一名 TMS 用户；

b）确保其联系方式（邮寄地址、电话和电子邮件地址）是有效的，并始终保持更新；

c）确保其银行账户信息是有效的，并始终保持更新；

d）输入并确认转会指令，同时确保所需信息的匹配（参见本附件第 10 条）；

e）对涉及国际转会的付款进行申报。

8　具体义务：会员协会

1. 会员协议应：

a）监督其附属俱乐部在 TMS 中的操作，以核实是否符合本附件的规定，并将任何可能的违规行为通知国际足联；

b）始终拥有至少两名 TMS 授权用户；

c）为其附属俱乐部提供持续的 TMS 培训；

d）确保其联系方式（邮寄地址、电话和电子邮件地址）以及其附属俱乐部的联系方式是有效的，并始终保持更新；

e）确保其银行账户信息是有效的，并始终保持更新；

f）在 TMS 中输入其附属俱乐部的培训等级；

g）确保为其附属俱乐部和注册球员分配相应的 FIFA ID，并在必要时及时解决其附属俱乐部和注册球员的重复条目问题；

h）确认或否决新创建球员的详细信息（参见附件 3 第 5 部分第 13 条）；

i）执行 ITC 程序（参见附件 3 第 4 部分第 11 条）；

j）代表没有 TMS 访问权限的附属俱乐部输入业余球员转会指令（参见附件 3 第 4 部分第 10 条）；

k）在下列比赛类别的相关赛季首场比赛前至少 12 个月（参见《球

员身份及转会规程》第 6 条），输入与比赛期、赛季和注册期相关的所有
必要数据：

i. 男子职业足球比赛。

ii. 女子职业足球比赛。

iii. 业余（男子和女子）足球比赛。

2. 注册期开始前，会员协会可以对 TMS 中已输入的注册期予以修改。
上述修改应通知国际足联。注册期开始后，不得修改注册期。

9 国际足联的作用

国际足联总秘书处负责：

a）协助 TMS 用户解决技术和监管问题；

b）管理 TMS 用户的访问；

c）为会员协会和俱乐部提供持续的教育和支持；

d）在 TMS 中输入对俱乐部或会员协会的任何制裁；

e）管理本附件中确定的任何特殊程序；

f）调查与 TMS 使用相关的可能违反国际足联规章制度的行为；

g）对违反本附件的行为实施行政处罚（参见附件 3 第 6 部分
第 17 条）。

第 4 部分：球员转会程序

10 俱乐部：创建转会指令

1. 在创建转会指令时，俱乐部应输入有关的信息并上传相关证明
文件：

a）指令类型；

b）转会的球员；

c）转会详细信息；

d）涉及转会的当事方。

2. 俱乐部应指明转会指令中的详细信息：

a）转入或转出球员；

b）永久转会或租借转会；

c）球员是新俱乐部的职业球员还是业余球员；

d）如果与之前的租借转会指令相关，是否存在：

i. 租借返还；

ii. 租借延期；

iii. 租借变永久转会；或者

iv. 租借结束（即俱乐部之间的租借协议已终止，球员与原俱乐部的雇佣合同也已终止）。

3. 关于球员转会，俱乐部应根据转会指令的类型输入以下信息：

a）球员在原俱乐部的身份（业余或职业）；

b）姓名、国籍、出生日期及性别；

c）对于租借转会，球员是否为俱乐部培训球员（参见 RSTP 定义 31），以及租借是否发生在职业球员 21 周岁赛季结束前；

d）与原俱乐部签订雇佣合同的起止日期；

e）与新俱乐部签订雇佣合同的起止日期；

f）与新俱乐部签订的雇佣合同中约定的固定薪酬；

g）与原俱乐部解约的理由。

4. 关于转会的详细信息，新俱乐部应根据转会指令的类型输入以下信息：

a）是否与原俱乐部签有转会协议；为免生疑问，这包括原俱乐部为获得本附件第 10 条第 4 款 d）项规定的付款而放弃索要青训补偿的任何协议；

b）转会协议的签署日期；

c）租借协议的起止日期；

d）转会是否与下列付款有关：

i. 固定转会费，包括分期支付的金额及日期；

ii. 买断费，包括分期支付的金额及日期；

iii. 附条件的转会费，包括分期支付的金额及日期；

iv. 二次转会费，包括二转分成比例。

e）付款币种；

f）俱乐部的银行信息；

g）第三方对球员经济权利的影响和所有权声明（参见 RSTP 第 18 之一条和第 18 之二条）。

5. 关于涉及转会的当事方，俱乐部应根据情况填写以下信息：

a）球员的原俱乐部；

b）球员的原协会；

c）球员的新俱乐部；

d）球员的新协会；

e）俱乐部足球经纪人的姓名、服务费和支付给该足球经纪人的其他费用；

f）球员经纪人的姓名。

6. 根据转会指令类型，俱乐部有义务上传有关 TMS 中已输入信息的强制性证明文件：

a）新俱乐部：

i. 球员身份证明（球员参赛证或者国家身份证）。

ii. 球员最后一份雇佣合同的终止日期和终止原因的证明。

iii. 球员与新俱乐部的雇佣合同。

iv. 新俱乐部和原俱乐部之间的转会协议（无论是永久转会或是租借转会）。转会协议如有修订，应立即在修订完成后上传一份修订版转会协议副本至 TMS。

v. 在与足球经纪人签订代理协议后 14 天内，上传代理协议副本。如有修订，应在修订后 14 天后将修订版代理协议副本上传至 TMS。

vi. 在与足球经纪人签订任何其他协议（除代理协议外）后 14 天内，上传相关协议副本。如有修订，应在修订后 14 天后将修订版相关协议副本上传至 TMS。

b）原俱乐部：

i. 如第三方已声明对球员经济权利的所有权［参见附件 3 第 4 部分第 10 条第 4 款 g）项］，则应上传与第三方的相关协议。

ii. 对于租借转会，需提供该职业球员为俱乐部培训球员的证明［见附件 3 第 4 部分第 10 条第 3 款 c）项］。

iii. 在与足球经纪人签订代理协议后 14 天内，上传代理协议副本。如有修订，应在修订后 14 天后将修订版代理协议副本上传至 TMS。

iv. 在与足球经纪人签订任何其他协议（除代理协议外）后 14 天内，上传相关协议副本。如有修订，应在修订后 14 天后将修订版相关协议副本上传至 TMS。

7. 一旦所有相关信息输入完毕并在 TMS 上传了强制性文件，俱乐部应在新协会注册期结束前尽快在 TMS 中确认转会（RSTP 第 6 条规定的例外情况除外）。

8. 对于有转会协议的国际转会（无论是永久转会或者租借转会），新俱乐部和原俱乐部应：

a）一旦转会协议达成，分别在 TMS 中输入和确认转会指令；

b）确保所需信息相匹配；

c）如有匹配异常情况，应协同处理。

9. 本条也适用于会员协会代表无 TMS 访问权的附属俱乐部在 TMS 中输入业余球员转会指令的情况。

11　会员协会：ITC 程序和球员注册

1. 一旦创建了转会指令（参见附件 3 第 4 部分第 10 条）且已完成球员确认（参见附件 3 第 5 部分第 13 条）：

a）新协会在 TMS 中将被通知转会指令状态为"等待 ITC 索要"；

b）在收到此通知后，新协会可以在 TMS 中请求原协会为球员签发 ITC；

c）最迟应在新协会注册期的最后一天进行 ITC 索要，如果在新协会注册期（RSTP 第 6 条的规定除外）结束后提出 ITC 索要，将呈现验证异常状态［参见附件 3 第 5 部分第 14 条第 1 款 c）项］；

d）对于未成年球员的国际转会，只有在未成年球员转会申请已获足球仲裁庭批准，或该球员是依据 LME 注册（参见 RSTP 第 19 条），才能够进行 ITC 索要。

2. 如果球员是原俱乐部的职业球员，在收到 ITC 索要的通知后，原协会应立即要求该球员原俱乐部确认如下事实：

a）雇佣合同是否到期；或者

b）双方是否同意提前终止合同。

3. 在 ITC 索要后 7 天内，原协会应：

a）向新协会发送 ITC；或者

b）拒绝 ITC 索要，选择拒绝的理由，并上传一份正式签署的声明。仅在下列情况可以拒绝 ITC 索要：

i. 原俱乐部与该职业球员之间的雇佣合同仍然有效；或者

ii. 双方未达成提前终止的协议。

4. 在发送 ITC 时，原协会应在 TMS 中上传一份球员纪律处分有关文件的副本，以及该处罚范围扩展到全球有效的文件副本（如有）（参见 RSTP 第 12 条）。

5. ITC 签发后，新协会应确认收到 ITC，并在 TMS 中输入相关球员的注册信息并立即在球员电子注册系统注册该球员。

6. 如果原协会在 7 天内未对 ITC 索要进行回复，新协会能够将该球员注册在新俱乐部，并在 TMS 中输入该球员的注册信息。

7. 如果球员要在新俱乐部注册，新协会将在 TMS 中确认收到 ITC（参见上文第 5 款）或者确认球员注册（参见上文第 6 款）。

8. 如果原协会拒绝 ITC 索要，新协会应：

a）予以接受，此时转会将被取消；或者

b）提出质疑，转会指令将进入验证异常状态。此时，根据新协会的要求，国际足联足球仲裁庭可授权球员注册，但不妨碍根据 RSTP 第 22 条向国际足联就此提出索赔请求。

9. 球员没有资格为其新俱乐部效力，直到新协会：

a）确认收到 ITC，在 TMS 中输入其注册信息并在球员电子注册系统将其注册；或者

b）在下列情况下，新协会在球员电子注册系统将其注册，并在 TMS 中输入其注册信息：

i. 原协会在 7 天内未对 ITC 索要进行答复；或者

ii. 国际足联足球仲裁庭授权球员注册。

10. 上文第 9 款所述的所有注册均有效且具有同等效力。

12　付款

1. 俱乐部应申报在国际转会中其与另一俱乐部之间的所有付款（参见《国际足联清算所条例》第 11 条第 4 款）。在申报付款时，新俱乐部应在每次付款后 30 天内将相关付款凭证上传至 TMS。

2. 如果一家俱乐部预期无法收到另一家俱乐部的付款，该俱乐部应立即要求强制终止转会。

3. 俱乐部与足球经纪人签订的代理协议有关的任何付款应进行申报。当俱乐部声明已完成付款，应在每次付款后 14 天内将付款证明上传至 TMS。

4. 俱乐部与足球经纪人签订的任何协议（代理协议除外）有关的任何付款应进行申报。当俱乐部声明已完成付款，应在每次付款后 14 天内将付款证明上传至 TMS。

第 5 部分：特殊程序

13　球员确认

1. 如果 TMS 中没有转会球员的信息，在 TMS 中首次输入转会指令的俱乐部应创建该球员的档案，这也适用于会员协会代表无 TMS 访问权的附属俱乐部在 TMS 中输入业余球员转会指令的情况。

2. 只有当新创建的球员档案的详细信息由原协会验证、修改（如有必要）和确认后，才能启动与 ITC 索要有关的程序。通过确认球员信息，原协会确认其为球员最后一次注册的俱乐部，并确认球员的身份信息（姓名、国籍、出生日期和性别）无误。

3. 如果球员转会时未在原协会注册，则原协会应拒绝该球员转会。

4. 球员确认程序应尽快进行。

14　验证异常

1. 以下情况可能导致验证异常：

a) 球员未满 18 周岁，且未成年球员转会申请尚未被批准的；

b) 新俱乐部被处罚禁止注册球员；

c) 新俱乐部和/或原俱乐部已超过租借限制（参见 RSTP 第 10 条）；

d) ITC 索要的日期在新协会的注册期之外，且不适用 RSTP 第 6 条的例外情况；或者

e) 原协会拒绝了 ITC 索要，同时新协会对此提出异议。

2. 在验证异常的情况下，寻求国际足联干预的任何请求都应通过 TMS 提交。根据相关会员协会的请求，国际足联总秘书处将予以评估，如有需要，该事宜将转交给足球仲裁庭球员身份裁决分庭做出裁决。任何此类请求和支持性文件只能以国际足联官方语言（英语、法语或西班牙语）之一版本提交。每个案件都将单独予以评估。

15　撤销

1. 作为一般规则，包含错误信息的转会指令应被撤销。

2. 俱乐部或代表俱乐部进行业余球员转会的新协会可以在 ITC 索要之前取消转会指令。

3. 一旦启动 ITC 索要程序，只有相关协会可以在 TMS 中请求撤销转会指令，并说明撤销的原因并指明正确信息。

4. 在此情形下，另一协会应接受或拒绝撤销请求。

a）如果接受请求，转会指令将被取消；或者

b）如果拒绝请求，相关协会应在 TMS 中上传一份支持性声明，并与国际足联总秘书处联系以解决争议。

第 6 部分：执行

16　一般规定

1. 俱乐部和会员协会如违反本附件规定，包括其 TMS 用户的违规行为，均应受到处罚。

2. 国际足联总秘书处负责调查任何违反本附件规定的行为。

3. 国际足联纪律委员会负责根据《国际足联纪律准则》对违反本附件规定的行为采取处罚措施。

17　行政处罚程序

1. 在不影响国际足联纪律委员会管辖权的情况下，国际足联总秘书处有权在下述行政处罚程序（ASP）范围内进行处罚。

2. 行政处罚程序处理本附件中主要属于技术或行政性的违规行为。

3. 如果发现此类违规行为，将执行以下程序：

a）国际足联总秘书处将与会员协会或俱乐部取得联系，确认违规行为，要求在规定期限内作出声明或提交其他相关信息，并要求纠正违规行为（如适用）。

b）国际足联总秘书处在收到声明或相关信息后，或在规定期限届满后未收到声明或相关信息，可以发出行政制裁函。

c）当事方可以接受制裁，或者拒绝制裁并请求国际足联纪律委员会启动纪律程序。如果当事方接受制裁，则制裁自接受之日起执行。

d）如果当事方接受和遵守了制裁，并在规定期限内纠正了违规行为，则该案件将结束。

e）如果当事方未对行政制裁函做出答复、答复不一致或者未完全和/或未纠正违规行为和/或未遵守制裁，则此案将提交国际足联纪律委员会进行评估和裁决。

4. 在不影响国际足联纪律委员会施加任何进一步制裁的情况下，可以通过行政制裁函施加的制裁为：

a）警告；

b）谴责；或者

c）最高 30000 瑞士法郎的罚款。

18　期限和通知方式

国际足联总秘书处通过 TMS 的通知或向 TMS 中各方提供的电子邮件地址发送邮件均视为有效的送达方式，并可依此作为相关期限的起算点。

附件 4　培训补偿

1　目的

1. 球员 12—23 周岁期间为接受培训和教育的时期。一般而言，对球员 21 周岁前进行的培训，应支付培训补偿至球员年满 23 周岁止。如果有证据证明球员在 21 周岁前停止了训练活动，培训补偿应当支付至球员 23 周岁日历年结束，但是培训补偿金额的计算从球员 12 周岁时开始至其停止训练活动时结束。

2. 培训补偿的支付不影响违约赔偿责任的承担。

2　培训补偿的支付

1. 有下列情形的需支付培训补偿：

a）球员首次注册为职业球员；或

b）职业球员在其 23 周岁生日的日历年结束之前，在隶属不同协会的俱乐部之间转会的（无论合同是否到期）。

2. 以下情形无须支付培训补偿：

a）原俱乐部无正当理由与球员解除合同的（在不影响之前的俱乐部权利的情况下）；或

b）球员转会到第 4 等级俱乐部；

c）职业球员转会后获得业余球员身份的。

3. 对于适用《国际足联清算所条例》的情况，应按照该条例支付培训补偿。

3　支付培训补偿的责任

1. 球员首次注册为职业球员时，其新注册俱乐部有责任在 30 天内向所有该球员 12 周岁生日赛季以后曾经参与培训的单位（依据球员参赛证上提供的注册记录）支付培训补偿。支付金额应根据该球员在各单位不同的培训年数按比例计算。此后职业球员在 23 周岁生日赛季结束前进行的每一次转会，培训补偿只需依据有效培训年数支付给当次转会前该球员所注册的最后一家俱乐部。

2. 上述两种情况中，培训补偿均需在职业球员在新协会注册后 30 天内支付。

3. 若有证据证明注册和培训过职业球员的某一家俱乐部放弃参加有组织的足球赛事和/或因为破产、清算、解散或失联而不再存在，则相关协会有代替该俱乐部接受培训补偿的权利。该培训补偿将为协会青少年足球发展项目而保留。

4　培训费用

1. 为计算培训补偿，会员协会应依据培训球员的投资情况将所属会员俱乐部最多分成四个等级。培训费用按每个等级制定，相当于一名球员接受一年训练所需费用乘以一个平均"球员系数"，该系数为产生一名职业球员与所需要接受培训的球员人数之比。

2. 有关培训费用，请登录国际足联网站（www. FIFA.com）查询各洲际足联及国际足联会员协会对所属俱乐部的培训等级分类以及培训费用标准。每日历年年末更新一次。协会应及时更新在 TMS 中输入的有关其俱乐部培训类别的数据（参见附件 3）。

5　培训补偿的计算

1. 通常情况下，在依据球员原俱乐部标准计算培训补偿时，需要参考如果新俱乐部自己培养该球员的所需花费。

2. 球员首次注册为职业球员时，培训补偿为新俱乐部培训费用乘以球员 12—21 周岁期间在原俱乐部和/或培训单位的培训年数。此后职业球员的每次转会，培训补偿按照新俱乐部培训费用乘以球员在原俱乐部的培训年数计算。

3. 为了避免过高设定年轻球员的培训补偿，球员在其 12 周岁生日至 15 周岁生日期间（即 4 年）的培训费用将依据第 4 等级俱乐部的标准计算。

4. 争议解决庭可以复审因培训补偿金额问题引起的争议，并有权对明显不合理的金额进行调整。

6　对欧盟（EU）/欧洲经济区（EEA）的特殊规定

1. 在 EU 或 EEA 内转会的球员，其培训补偿金额应根据以下不同情况计算：

a）如果球员从较低等级俱乐部转会到较高等级俱乐部，则培训补偿按两家俱乐部培训费用的平均数计算；

b）如果球员从较高等级俱乐部转会到较低等级俱乐部，则培训补偿按较低等级俱乐部培训费用计算。

2. 在 EU 或 EEA 内转会，如果能够证明球员在其 21 周岁生日赛季之前结束了训练，则其最后的训练赛季可能出现在 21 周岁生日之前。

3. 如果原俱乐部未向球员发出合同邀约，除非出具正当理由的说明，否则不能获得培训补偿。原俱乐部必须在球员当前合同期满前至少 60 天以挂号信的方式提供球员一份书面合同，下列临时规定除外。该合同邀约与当前合同应至少条件相同。本条款不对球员从原俱乐部索要培养补偿的权利产生任何影响。

i 临时规定：如果原俱乐部获得球员收到合同要约副本的确认信息并能够在发生任何争议时提供此类确认信息的，合同要约可通过电子邮件发出。

7　处罚措施

国际足联纪律委员会有权对不履行本附件所述义务的俱乐部或球员进行处罚。

附件 5   联合机制补偿

1   联合机制补偿

1. 职业球员在合同到期前转会时，新俱乐部需要把支付给原俱乐部的转会补偿（不含培训补偿）的 5% 作为联合机制补偿，分配给曾经培训和教育该球员的俱乐部。联合机制补偿应按球员从 12 周岁生日日历年到 23 周岁生日日历年期间在相关俱乐部的注册年数（不足一年按相应比例计算）计算，具体如下：

a) 12 周岁生日日历年：5%（即总补偿费的 0.25%）；

b) 13 周岁生日日历年：5%（即总补偿费的 0.25%）；

c) 14 周岁生日日历年：5%（即总补偿费的 0.25%）；

d) 15 周岁生日日历年：5%（即总补偿费的 0.25%）；

e) 16 周岁生日日历年：10%（即总补偿费的 0.5%）；

f) 17 周岁生日日历年：10%（即总补偿费的 0.5%）；

g) 18 周岁生日日历年：10%（即总补偿费的 0.5%）；

h) 19 周岁生日日历年：10%（即总补偿费的 0.5%）；

i) 20 周岁生日日历年：10%（即总补偿费的 0.5%）；

j) 21 周岁生日日历年：10%（即总补偿费的 0.5%）；

k) 22 周岁生日日历年：10%（即总补偿费的 0.5%）；

l) 23 周岁生日日历年：10%（即总补偿费的 0.5%）。

2. 有下列情形的，培训俱乐部有权获得 5% 联合机制补偿基础上一定比例的金额：

a) 职业球员在隶属不同协会的俱乐部之间永久转会或租借转会；

b) 球员在隶属相同协会的俱乐部之间永久转会或租借转会，而培训俱乐部隶属另一协会的情形。

2   支付程序

1. 对于不适用《国际足联清算所条例》的，新俱乐部应按照上述规定在球员注册后 30 天内向各培训俱乐部支付联合机制补偿，如有附加款项，则在附加款项支付后 30 天内支付。

2. 对于不适用《国际足联清算所条例》的，新俱乐部负责计算联合机制补偿的分摊金额，并依据球员参赛证上提供的注册记录进行分配。如有需要，球员应协助新俱乐部履行此项义务。

3. 对于适用《国际足联清算所条例》的，联合机制补偿应按该条例支付。

4. 若有证据证明注册和培训过职业球员的某一家俱乐部放弃参加有组织的足球赛事和/或因为破产、清算、解散或失联而不再存在，则相关协会有代替该俱乐部收取联合机制补偿分摊金额的权利。该联合机制补偿将为协会青少年足球发展项目而保留。

5. 国际足联纪律委员会有权对不履行本附件所述义务的俱乐部进行处罚。

附件 6 五人制足球球员身份及转会规程

1 范围

1.《五人制足球球员身份及转会规程》是 RSTP 的组成部分。

2.《五人制足球球员身份及转会规程》在全球范围内广泛适用于五人制球员身份、球员参与有组织的五人制足球赛事的资格以及在隶属于不同协会的俱乐部间转会的相关事宜。

3. 除本附件另有明确规定外,《五人制足球球员身份及转会规程》应平等适用于男性和女性球员、业余和职业球员。

4. 五人制足球球员如在同属一个协会的两家俱乐部之间转会,将按照相关协会发布的具体规程处理。这些具体规程应包括:

a) 维护合同稳定性的适当措施,遵守相关国家强制性法律法规和劳资协议,以及 RSTP 第 1 条第 3 款 b) 项的原则;

b) 五人制足球俱乐部和球员之间争议解决的具体规则。

5. RSTP 中的下列条款对国内五人制足球比赛具有约束力,并应不加修改地加入各个协会规程之中:第 2—8 条、第 10 条、第 11 条、第 12 之一条、第 18 条、第 18 条第 7 款(除非依据国内法有更优条件)、第 18 之一条、第 18 之二条、第 18 之三条(除非依据国内法有更优条件)、第 19 条和第 19 之一条。

2 放行五人制足球球员回国参加国家队比赛

1. RSTP 附件 1 第 1 之二条中的规定具有约束力。

2. 在五人制和十一人制足球比赛中,一名球员只能代表一个协会参赛。如果一名球员已代表一个协会全部或部分地参加任何一个级别的或者任何种类的足球官方赛事,该球员不得再代表另一个协会的代表队参加国际比赛。

本条款受《国际足联章程适用管理规则》第 9 条规定的例外情况的限制。

3 五人制足球球员的注册

1. 根据 RSTP 第 2 条，无论是业余球员还是职业球员，五人制足球球员必须先在协会注册后再为俱乐部效力。只有注册球员才有资格参加有组织的五人制足球赛事。通过注册，五人制足球球员同意遵守《国际足联章程》和有关规则、洲际足联和协会的章程与各项规定。

2. 一名五人制足球球员一次只能在一家五人制足球俱乐部注册。然而，该五人制足球球员也可以同时在一家十一人制足球俱乐部注册。不要求该五人制和十一人制的足球俱乐部必须附属于同一个协会。

3. 与十一人制足球俱乐部签订职业合同的球员，只有在获得该俱乐部的书面批准后，才能与另一家五人制足球俱乐部签订职业合同，反之亦然。

4. 五人制球员在一个赛季中最多可在 3 家五人制足球俱乐部注册。在此期间，球员原则上只能代表两家五人制足球俱乐部参加官方比赛。作为例外规则，若五人制球员转会前后的两家五人制足球俱乐部所属协会存在赛季交叉（即其中一家俱乐部所属的赛季为跨年度），则该球员也可代表第三家五人制足球俱乐部参加相关赛季的官方比赛，前提是该球员应当遵守与前两家五人制足球俱乐部的合同约定，同时应当遵守有关注册期（RSTP 第 6 条）及最短合同期限（RSTP 第 18 条第 2 款）的规定。

5. 任何情况下，竞赛必须以诚信为本，尤其是一名五人制足球球员不能在同一个赛季为多于两家俱乐部在同一个全国锦标赛或杯赛效力。如会员协会有更严格的单项比赛规定，从其规定。

4 遵守合同

1. 五人制职业足球球员与五人制足球俱乐部的合同只有在合同期满或者双方同意的情况下才能终止。

2. 适用于维持合同稳定性的规定载于 RSTP 第 13—18 条。

5 五人制足球球员的国际转会

5.1 原则

1. 只有满足以下条件，在附属于某一协会的俱乐部注册的五人制足球球员可以转会至附属于另一协会的五人制足球俱乐部：

a）新协会已索要五人制足球国际转会证明（以下简称 IFTC）；

b）原协会已发送 IFTC；

c）新协会已收到 IFTC；

d）新协会已在球员电子注册系统中注册了该球员。

2. 上述原则适用于所有职业和业余五人制足球球员的国际转会。

3. 五人制足球球员在符合上述第 1 段的所有条件前，不得代表新五人制足球俱乐部参赛。

4. 十周岁以下的五人制足球球员不需要 IFTC。

5. 俱乐部和协会应始终：

a）诚实行事；

b）遵守《国际足联章程》和所有国际足联规章制度；

c）确保所提供的资料真实无误。

5.2 转会程序：IFTC 程序和五人制足球球员注册

1. 新五人制足球俱乐部应在其所属会员协会确定的注册期内，向该协会提交一份五人制足球球员的注册申请。本条款受 RSTP 第 6 条规定的例外情况的限制。

注册申请应同时附上以下材料：

a）新五人制足球俱乐部与五人制足球球员雇佣合同副本；

b）新五人制足球俱乐部和原五人制足球俱乐部签订的转会协议（无论是永久转会还是租借转会）副本。

2. 在收到注册申请后，新协会应立即请求原协会为五人制足球球员签发 IFTC（即"IFTC 索要"）。"IFTC 索要"应同时附上上文第 1 段规定的文件（如有）。

3. 新协会最迟应在注册期最后一天发出 IFTC 索要函。

4. 在原五人制足球俱乐部的五人制球员以职业球员身份进行国际转会时，原协会收到"IFTC 索要"后，应立即请求原五人制足球俱乐部以及五人制职业球员确认：

a）雇佣合同是否已经到期；

b）双方是否同意提前终止合同；或者

c）是否存在合同纠纷。

5. 在"IFTC 索要"后的七天内，原协会应：

a）向新协会发送 IFTC；或者

b）书面通知新协会无法发送 IFTC，但仅限以下情况：

i. 双方雇佣合同尚未到期；或者

ii. 双方未达成提前终止的协议。

上文 b）段的规定只适用于在原五人制足球俱乐部的五人制球员以职业球员身份进行国际转会的情况。

6. 在向新协会发送 IFTC 时，原协会也应：

a）附上球员参赛证复印件；

b）书面通知新协会该球员任何未执行的纪律处罚，以及该处罚扩展到全球范围的情况（如有）（参见 RSTP 第 12 条）；

c）向国际足联提交 IFTC 副本。

7. IFTC 的签发应该免费且无条件和期限。如有违反，则视为无效。

8. 发送 IFTC 后，新协会应在其球员电子注册系统中注册该球员。

9. 如果原协会在新协会发出"IFTC 索要"30 天内仍没有予以答复，新协会应立即为该球员以临时身份在新五人制足球俱乐部注册（"临时注册"），并在球员电子注册系统中输入球员的相关信息。在"IFTC 索要"发出一年后该临时注册应变为永久注册。

10. 如果原五人制足球俱乐部与该五人制足球球员之间因上文第 4 款所述的情况发生合同纠纷，原协会不得为该五人制足球球员发送 IFTC。

这种情况下，在新协会的要求下，国际足联可在例外情况下采取临时措施。国际足联将考虑到原协会提出拒绝发送 IFTC 的理由。如果足球仲裁机构批准了临时注册（参见第 23 条），新协会应完成相关球员的注册。此外，该五人制职业球员、原俱乐部和/或新五人制足球俱乐部有权根据第 22 条向国际足联提出索赔。球员临时注册的裁决不影响可能发生的合同争议的裁决。

11. 新协会可依据传真或电子邮件发送的 IFTC 授予球员临时参加比赛的资格，直到正在进行中的比赛期结束。如果届时仍未收到 IFTC 原件，则应认为球员资格已确认。

12. 上述规程和程序同样适用于转会新五人制足球俱乐部后取得不同球员身份的职业和业余五人制足球球员。

5.3 五人制足球球员租借

1. 上述规定也适用于五人制职业球员从一个协会的五人制足球俱乐部租借到另一个协会的五人制足球俱乐部，以及租借返还至原五人制足球俱乐部。

2. 索要 IFTC 时,应一并附上租借协议副本(参见 5.2 条第 2 款)。

3. 租借期届满后,五人制足球球员原俱乐部所属协会应向租借俱乐部所属协会索要 IFTC。在 IFTC 程序尚未完成且原协会在球员电子注册系统中重新注册该球员之前,该球员没有资格为其原俱乐部效力。

6　纪律处罚的执行

1. 因球员在五人制足球比赛中或与五人制足球比赛相关的违规行为而被禁赛,只会影响该球员参加其五人制足球俱乐部的比赛。同样,对参加十一人制足球比赛的球员被禁赛只会影响该球员参加十一人制足球俱乐部的比赛。

2. 无论该违规行为发生于十一人制或五人制足球比赛中,以天数和月数计算的禁赛将同时影响球员参加五人制和十一人制俱乐部的比赛。

3. 如果球员同时注册的五人制和十一人制足球俱乐部分属两个不同协会,球员注册的五人制足球俱乐部所属协会应将禁赛的天数和月数通知该球员可能注册的另一协会。

4. 原协会应在发送 IFTC 时书面通知新协会该球员任何未执行的纪律处罚,以及该处罚扩展到全球范围的情况(如有)(参见 RSTP 第 12 条)。

7　未成年球员保护

1. 只有年满 18 周岁的球员才允许进行国际转会,例外情况在 RSTP 第 19 条予以规定。

8　培训补偿

RSTP 第 20 条和附件 4 中关于培训补偿的规定不适用于球员从五人制足球俱乐部转出的情况。

9　联合机制补偿

RSTP 第 21 条和附件 5 中关于联合机制补偿的规定不适用于球员在五人制足球俱乐部间的转会。

10 国际足联管辖权

1. 俱乐部和会员协会如违反本附件规定，均应受到处罚。

2. 国际足联总秘书处负责调查任何违反本附件规定的行为。

3. 国际足联纪律委员会负责根据《国际足联纪律准则》对违反本附件规定的行为采取处罚措施。

4. 在不影响任何五人制足球球员、教练员、会员协会或俱乐部就雇佣争议向民事法院寻求救济权利的情况下，FIFA 有权审理 RSTP 第 22 条涉及的争议。

5. 足球仲裁庭应对 RSTP 第 23 条规定的所有争议作出裁决。

附件 7　处理由乌克兰战事引起之特殊情况的暂行规则

1　适用范围

1. 在不影响下文第 2 款的情况下，本附件适用于球员或教练与隶属于乌克兰足球协会（UAF）或俄罗斯足球联盟（FUR）的俱乐部之间签订的所有国际雇佣合同。

2. 本附件不适用于：

a）在本附件生效时和生效后，在 UAF 或 FUR 附属俱乐部注册球员的国际雇佣合同；

b）在本附件生效时和生效后，为隶属于 UAF 或 FUR 的俱乐部提供服务的教练的国际雇用合同；

c）2022 年 3 月 7 日之后签订或延长的球员或教练国际雇佣合同。

2　与隶属于乌克兰足球协会或俄罗斯足球联盟的俱乐部之间的国际雇佣合同

1. 除非当事方另有约定，无论 RSTP 如何规定，如球员或教练与隶属乌克兰足球协会或俄罗斯足球联盟的俱乐部无法在 2022 年 6 月 30 日之前达成协议，球员或教练的国际合同可以由球员或教练单方面中止至 2024 年 6 月 30 日。

2. 为了有效中止合同，球员或教练最迟应在 2023 年 7 月 1 日之前以书面形式将单方面中止合同一事通知俱乐部。

3. RSTP 第 18 条第 2 款规定的最短合同期限不适用于上述第 1 款合同中止的职业球员所签订的任何新合同。

3　合同中止的后果

根据上述第 2 条第 1 款和第 2 款被中止合同的球员或教练，与新俱乐部签约和注册不构成对原俱乐部的违约。RSTP 第 18 条第 5 款不适用于根据上述第 2 条第 1 款和第 2 款合同中止的职业球员。

4 注册

无论 RSTP 第 5 条第 4 款如何规定，此前在乌克兰足球协会或俄罗斯足球联盟注册的球员在一个赛季中最多可在四个俱乐部注册，并有资格代表三家不同的俱乐部参加官方比赛。

5 注册期间

无论附件 3 如何规定，如果乌克兰足球协会或俄罗斯足球联盟根据本附件第 2 条第 1 款或第 3 条第 1 款拒绝被中止合同的职业球员 "ITC 索要"，国际足联管理部门有权立即授权球员新俱乐部所属的新协会为该球员临时注册。

6 对未成年球员的保护

无论 RSTP 第 19 条如何规定，任何居住在乌克兰境内的未成年球员如果希望在新俱乐部注册，应自动视为满足 RSTP 第 19 条第 2 款 a）项和 d）项规定的例外要求。

7 培训补偿

1. 对于此前在乌克兰足球协会或俄罗斯足球联盟注册的任何球员，根据本附件合同中止并在新俱乐部注册的，新俱乐部不需要支付培训补偿。

2. 任何非隶属于乌克兰足球协会或俄罗斯足球联盟的俱乐部，如果按照本附件在球员合同中止后注册了球员，不享有索要培训补偿的权利。

3. 在下列情况下，新俱乐部无须向首次注册为职业球员的球员支付培训补偿：

a）该球员在 2022 年 3 月 7 日之后离开乌克兰或俄罗斯领土，并根据本条例第 19 条第 2 款 a）项或 d）项规定的例外情况获准在新俱乐部注册后，在不隶属于乌克兰足协或俄罗斯足协的俱乐部注册；

b）该球员在 2022 年 3 月 7 日之后离开乌克兰或俄罗斯领土，现在希望首次作为职业球员在乌克兰足协或俄罗斯足协附属俱乐部注册。

8　球员国际转会

1. 根据本附件被停赛的球员，在停赛期间不得进行有偿转会（不论是永久转会还是租借转会）。

2. 根据本附件中止合同的球员，在中止合同期间不得与隶属于 UAF 或 FUR 的其他俱乐部签订新合同。

国际足联纪律准则①

2023 年版

一　总则

1　目的

《国际足联纪律准则》（以下简称"本准则"）规定了违反国际足联规则的行为，确定了所应受的处罚，规定了负责做出决定的国际足联司法机构的组织和职能以及上述机构应遵循的程序。

2　适用范围：实体法

1. 本准则适用于国际足联组织的每场比赛和竞赛，以及不属于联合会和/或协会管辖的足球协会比赛和竞赛，除非本准则另有规定。

2. 本准则还适用于任何违反国际足联法定目标以及不属于任何其他国际足联机构管辖范围的国际足联规则的行为。

3　适用人员范围

以下人员受本准则约束：

a）协会；

b）协会成员，特别是俱乐部；

c）官员；

d）球员；

---

① 文件来自国际足联官方网站：https：//digitalhub.fifa.com/m/59dca8ae619101cf/original/FIFA-Disciplinary-Code-2023.pdf。

e）比赛官员；

f）FIFA 许可的足球经纪人；

g）FIFA 许可的赛事经纪人；

h）单一实体联盟；

i）由国际足联选举或指派履行职能的任何人，特别是与国际足联组织的比赛、竞赛或其他活动相关的人员。

4　适用时间范围

1. 本准则适用于自其生效之日起发生的所有违纪行为。

2. 本准则也适用于其生效之前发生的所有违纪行为，但须遵守先前规则所适用的较温和制裁。

3. 根据本准则第 3 条的规定，在所谓的违纪行为发生当日，对在国际足联管辖范围内人员发起的纪律处罚程序，国际足联司法机构不得仅仅因为相关人员不再受国际足联管辖而放弃该程序。

5　适用法律

国际足联司法机构的决定基于：

a）主要是关于国际足联章程以及国际足联的条例、通函、指令和决定以及比赛规则；和

b）瑞士法律和主管司法机构认为适用的任何其他法律。

6　纪律措施

1. 可以对自然人和法人采取以下纪律措施：

a）警告；

b）谴责；

c）罚款或任何其他金钱措施；

d）返还奖项；

e）撤销称号；

f）命令履行审判过程中产生或存在的财务义务。

2. 下列纪律措施只能针对自然人：

a）特定场次或特定期限停赛；

b）禁止进入更衣室和/或球队席；

c）禁止参加任何与足球有关的活动；

d）社区足球服务；

e）暂停或吊销足球经纪人执照；

f）暂停或吊销赛事经纪人执照。

3. 下列纪律处罚只能针对法人：

a）禁止注册新球员；

b）在没有观众的情况下进行比赛；

c）在观众数量有限的情况下进行比赛；

d）在中立场地进行比赛；

e）禁止在特定体育场进行比赛；

f）取消比赛结果；

g）扣分；

h）降级；

i）从正在进行的比赛或未来的比赛中除名；

j）丧失比赛资格；

k）重新比赛；

l）实施预防计划；

m）没收应得的培训奖励；

n）向俱乐部支付赔偿金；

o）向俱乐部或会员协会支付特定金额。

4. 罚款不得低于 100 瑞士法郎或高于 1000000 瑞士法郎。

5. 协会对球员和官员的罚款承担连带责任。这同样适用于俱乐部的球员和官员。

6. 本准则规定的纪律措施可以并罚。

7 指令

1. 指令要求受其影响的人以某种方式行事。

2. 除了纪律措施外，国际足联司法机构还可以发布指令，规定必须执行纪律措施的方式，包括执行纪律措施的日期和条件。

3. 如果协会或俱乐部根据第 8 条或第 17 条对损害负有责任，国际足联司法机构还可决定支付损害赔偿。

8　责任

1. 除非本准则另有规定，否则无论是故意还是疏忽，违规行为均将受到处罚。特别是，协会和俱乐部可能对其会员、球员、官员或支持者或代表其履行职责的任何其他人员的行为负责，即使相关协会或俱乐部能够证明不存在任何过错或疏忽。

2. 未遂行为也将受到惩罚。

3. 任何参与或诱导他人实施侵权行为的人，无论是教唆者还是共犯，都可能受到制裁。

9　裁判员的决定

1. 裁判在赛场上做出的决定是最终决定，国际足联司法机构不得对其进行审查。

2. 如果裁判的决定存在明显错误（例如误判受罚人的身份），国际足联司法机构只能审查该决定的纪律后果。如果身份错误，可根据本准则启动只针对真正有过错的人的纪律处罚程序。

3. 只有当裁判的错误是误判了球员的身份时，对警告或在两次警告后被罚下场的抗议才可以接受。

4. 如果出现严重不当行为，即使裁判及其助手没有看到相关事件并因此无法采取任何行动，也可能会受到纪律处分。

5. 本准则中有关对因明显违反规则的裁判决定而对比赛结果提出抗议的规定仍然适用。

10　起诉时效期限

1. 根据下列期限的规定，侵权行为到达如下时限可能无法起诉：

a）比赛期间犯规的：两年；

b）（根据《国际足联反兴奋剂条例》定义的）违反反兴奋剂规定的行为、涉及未成年人国际转会的违规行为以及操纵比赛的：十年；

c）其他违规行为：五年。

2. 时效期限如下：

a）自行为人违规行为之日起计算；

b）如果违规行为重复发生，则从最近一次违规行为发生之日起计算；

c）违规行为持续一定期限的，自违规行为结束之日起计算；

d）自争议解决庭、国际足联球员身份委员会或国际体育仲裁院作出的裁决具有最终约束力之日起计算。

3. 上述时效期限会因所有程序行为而中断，每次中断均重新开始。

11　报告义务

1. 任何受本准则约束的人应立即向纪律委员会秘书处报告任何第三方违反或试图违反本准则的行为。

任何受本准则约束的人若提出毫无根据或不负责任的指控，可能会受到制裁。

12　合作义务

1. 当事人在整个程序中应诚实守信。

2. 受本准则约束的各方或个人应合作查明事实，特别是遵守国际足联机构、委员会、下属单位或机构以及国际足联管理部门索取信息的要求。

3. 特别是，受本准则约束的人员应帮助确定和/或澄清案件事实或任何可能违反本准则的行为，尤其应提供所要求的任何证据。

4. 任何受本准则约束的人违反本条规定可能会导致相关司法机构实施适当的制裁。

5. 如果当事人不合作，特别是无视规定的时限，司法机构仍然可以利用其掌握的卷宗对案件作出裁决。

二　违规

第1章　违反比赛规则

13　违规行为和违反公平竞争原则

1. 协会和俱乐部，以及他们的球员、官员和任何其他成员和/或代表他们履行职责的个人，必须尊重比赛规定、《国际足联章程》和国际足联的规定、指令、指南、通函和决定，并遵守公平竞争、忠诚和正直的原则。

2. 例如，任何人有下列行为之一的，可能会受到纪律处分：

a）违反正当行为的基本规则；

b）以任何方式侮辱自然人或法人，尤其是使用冒犯性手势、手势或语言；

c）利用体育赛事进行非体育性质的展示；

d）使足球运动和/或国际足联声誉受损的行为；

e）主动更改在有年龄限制的比赛中出示的运动员参赛证上显示的年龄。

第2章　比赛和竞赛中的秩序混乱

14　球员和官员的不当行为

1. 球员和官员若有下列不当行为，将被停赛并可能被处以相应罚款：

a）否认对方进球或明显的进球机会而被罚下的球员：禁赛一场；

b）向对手或比赛官员以外的人做出有违体育精神的行为：禁赛一场或一段时间；

c）因言论或行动异议而被罚下场：禁赛至少一场；

d）比赛中故意收到黄牌或红牌，包括为了在即将到来的比赛中停赛或最终保持干净的记录：禁赛至少一场；

e）严重犯规：禁赛至少两场；

f）以任何方式激怒观众：禁赛至少两场；

g）明显意图导致比赛官员做出错误决定或支持其判断错误从而导致其做出错误决定的行为：禁赛至少两场或一段时间；

h）有暴力行为：禁赛至少三场；

i）攻击，包括肘击、拳击、踢、咬、吐口水或击打对手或比赛官员以外的人：禁赛至少三场或一段时间；

j）对比赛官员有不道德行为：禁赛至少四场或一段时间；

k）恐吓或威胁比赛官员：禁赛至少十场或一段时间；

l）攻击比赛官员，包括肘击、拳击、踢、咬、吐口水或击打：禁赛至少十五场或一段时间。

2. 第 1 款第 b)、f)、j) 和 k) 项所述的不当行为也受到本准则中相应的制裁,尽管该违规行是在赛场外(包括通过社交网络)实施的。

3. 如果停赛是按照场次计算的,则只有相应球队实际参加的比赛才算作停赛的执行。球员不必被列入相应比赛或比赛的球队名单中才能被视为已执行比赛暂停。

4. 球员或官员在比赛(包括赛前和赛后)或比赛中公开煽动他人仇恨或暴力的,将受到制裁,禁止参加任何与足球相关的活动,禁赛期不少于六个月并处以最低 5000 瑞士法郎的罚款。在严重的情况下,除了上述制裁外,特别是如果侵权行为是通过社交网络和/或大众媒体(例如报纸、广播或电视)实施的,或者发生在体育场内或周围的比赛日,则最低罚款为 20000 瑞士法郎。

5. 如果国家队或俱乐部球队行为不当〔例如,在一场比赛中,裁判对五名或更多球员(五人制足球为三名或更多)进行个人纪律处分〕,也可对有关协会或俱乐部采取纪律措施。

6. 在所有情况下,还可能实施额外的纪律措施。

15　歧视

1. 任何人因种族、肤色、民族、国籍、社会出身、性别、残疾、性取向、语言、宗教、政治或任何其他观点、财富、出生或任何其他地位或任何其他原因,以轻蔑、歧视或贬损的言语或行为冒犯一个国家、个人或群体的尊严或完整性,将受到至少十场比赛或一段特定时间的停赛处罚。或者其他适当的纪律处分。

2. 如果协会或俱乐部的一名或多名支持者有第 1 款所述行为,则负责的协会或俱乐部将受到以下纪律处罚:

a) 对于初犯,在限制观众人数的情况下进行比赛,并对相关协会或俱乐部处以至少 20000 瑞士法郎的罚款;

b) 对于惯犯,或者如果案件情况需要,可以对有关协会或俱乐部采取纪律措施,如实施预防计划、罚款、扣分、在没有观众的情况下进行一场或多场比赛、禁止在特定体育场比赛、取消比赛、被逐出比赛或降到较低级别。

3. 如果相关协会和/或俱乐部承诺与国际足联共同制定一项全面计划,以确保采取行动反对歧视并防止事件再次发生,有管辖权的司法机构可能会偏离上述最低制裁措施。该计划应经国际足联批准，并至少包括以下三个重点领域：

a）教育活动（包括针对支持者和公众的沟通活动）。教育活动的有效性将被定期审查。

b）体育场安全和对话措施［包括如何通过足球制裁识别和处理违法者的政策、向国家（刑事）法律当局升级的政策，以及与支持者和影响者就如何创造变革进行对话］。

c）伙伴关系（包括与支持者、非政府组织、专家和利益相关者合作，就行动计划提供建议和支持，并确保有效和持续的实施）。

4. 受本准则约束并成为潜在歧视行为受害者的人可能会被相应司法机构邀请做出口头或书面的受害者影响声明，并有权在司法机构的程序中要求做出动议，以及根据本准则的适用条款提出上诉并作为纪律上诉程序的当事方。

5. 除非有特殊情况，如果裁判因种族歧视和/或歧视行为而放弃比赛，则该场比赛将被宣告无效。

16　弃赛

1. 如果比赛不是因不可抗力原因而无法举行或不能完整进行，而是由于球队的行为或协会或俱乐部应承担责任的行为，则该协会或俱乐部将受到最低限度的制裁罚款 10000 瑞士法郎。比赛将被放弃或重新比赛。

2. 相关协会或俱乐部可能会受到额外的纪律处分。

3. 如果一场比赛被放弃并需要全部重赛，则该场比赛期间发出的任何警告均无效。如果比赛被中止，特别是由于不可抗力原因，并且比赛继续进行，则在比赛中止之前施加的任何警告在比赛剩余时间内仍然有效。如果比赛不重新进行，则各队收到的警告将继续有效。

17　比赛秩序和安全

1. 主办俱乐部和协会负责赛前、赛中和赛后体育场内与周围的秩序和安全。在不影响他们对自己支持者的不当行为负责的情况下，他们对任何类型的事件负责，包括但不限于下文第 2 款所列的事件，并且可能受到纪律处分和指示，除非能够证明他们在比赛组织上没有任何疏忽。特别是，组织比赛的协会、俱乐部和持牌赛事经纪人应当：

a）评估比赛造成的风险程度，并将风险特别高的情况通知国际足联机构；

b）遵守并执行现有的安全规则（国际足联规定、国家法律、国际协议），并在赛前、赛中和赛后以及发生事故时，根据体育场内和周围情况采取一切安全预防措施；

c）确保比赛官员以及客队球员及官员在逗留期间的安全；

d）让地方当局了解情况并积极有效地与他们合作；

e）确保体育场内和周围的法律秩序，并确保比赛正常进行。

2. 所有协会和俱乐部都对其一名或多名支持者的不当行为承担责任，如下所述，并且即使他们能够证明在比赛组织方面不存在任何疏忽，也可能受到纪律处分和指示：

a）侵入或企图侵入比赛场地；

b）投掷物体；

c）燃放烟花或任何其他物体；

d）使用激光笔或类似电子设备；

e）使用手势、言语、物体或任何其他方式传递不适合体育赛事的信息，特别是具有政治、意识形态、宗教或攻击性质的信息；

f）损害行为；

g）奏国歌时造成骚乱的；

h）体育场内或周围出现的任何其他缺乏秩序或纪律的情况。

18 抗议

1. 协会及其俱乐部有权提出抗议。抗议必须在比赛结束后24小时内以书面形式送达纪律委员会，并注明相关理由。

2. 24小时期限不能延长。为了比赛的顺利进行，相应的竞赛规则可能会相应缩短抗议期限。

3. 抗议费为1000瑞士法郎。必须在提出抗议时支付，并且只有在抗议被完全接受的情况下才能报销。

4. 抗议仅基于以下理由时才可接受：

a）资格不符的球员参加了比赛造成球员不符合相关国际足联规定的条件；

b）比赛场地不适宜，只要在报告或观察到问题后立即通知裁判（无论是赛前以书面形式，还是由队长在比赛期间在对方队长在场的情况下口头告知）；

c）本准则第9条所定义的裁判的明显错误，在这种情况下，抗议只能针对裁判明显错误的纪律后果。

19　派出不合格球员

1. 如果参加比赛和/或竞赛的球员被宣布不合格，国际足联司法机构考虑到相关竞赛的公正性，可以采取任何适当的纪律措施。

2. 如果一名参加比赛的球员因抗议而被宣布取消比赛资格，则该球员所属球队将受到失去比赛资格并支付至少6000瑞士法郎罚款的处罚。球员也可能受到处罚。

3. 纪律委员会可以依职权行事。

20　操纵足球比赛

1. 任何人直接或间接通过作为或不作为，非法影响或操纵比赛和/或竞赛的进程、结果或任何其他方面，或以任何方式共谋或试图这样做，将受到至少五年禁止参加任何与足球有关的活动以及至少10万瑞士法郎罚款的处罚。情节严重的，将处以更长的禁赛期，包括可能终身禁止参加任何与足球相关的活动。

2. 在赛事的信用得以保护的情况下，如果球员或官员有第1款所述的行为，则该球员或官员所属的俱乐部或协会可能会受到处罚，并被取消相关比赛的资格，或者可能被宣布没有资格参加其他比赛。可能会实施额外的纪律措施。

3. 受本准则约束的人员必须始终与国际足联充分合作，努力打击此类行为，因此应立即自愿向纪律委员会秘书处报告任何与本准则直接或间接相关的活动和/或信息的做法或者上述可能操纵足球比赛或竞赛的行为。任何违反此规定的行为将受到至少两年禁止参加任何足球相关活动的处罚，并处以至少15000瑞士法郎的罚款。

4. 纪律委员会有权调查和裁决赛场内外一切与操纵足球比赛和竞赛有关的行为。

第 3 章 其他规定

21 不遵守决定

1. 任何人未能向他人（例如球员、教练或俱乐部）或国际足联支付全部或部分款项，即使国际足联的机构、委员会、附属机构或实体指示这样做或 CAS 决定（需付款），或任何不遵守由国际足联的机构、委员会、下属机构或单位或 CAS 通过的其他最终决定（不涉及付款）的人：

a) 将因不遵守决定而被罚款并接受任何相关额外纪律措施；并且，如有必要：

b) 将获得 30 天的最终期限，在此期限内支付应付款项或遵守决定（不涉及付款）；

c) 可能自纪律委员会就国际足联机构、委员会、附属机构或实体通过的（需付款）决定提出上诉的 CAS 决定作出决定之日起向债权人责令支付 18% 的年利率；

d) 就俱乐部而言，在上述最后期限届满后，如果在规定期限内持续违约或未能完全遵守决定，将禁止注册新球员，直至全额支付应付款项或遵守（不涉及付款的）决定。除了禁止注册新球员外，如果超过 3 年禁止注册新球员的措施仍未使俱乐部遵守决定，重复违规或严重违规，或者因任何原因无法实施或执行全面注册禁令，还可能会被扣分或降级；

e) 就协会而言，在上述最后期限届满后，如果在规定期限内持续不履行或未能完全遵守决定，可采取额外的纪律措施；

f) 就自然人而言，在上述最后期限届满后，如果在规定期限内持续不履行或未能完全遵守决定，可在特定期限内禁止参加任何与足球相关的活动，还可能实施其他纪律措施。

2. 对于国际足联或国际体育仲裁院的机构、委员会、下属机构或单位通过的需付款决定，纪律处分程序只能在债权人或有权获得最终结果通知（包括动议）的任何其他受影响方的要求下启动上述纪律程序（如要求）。

3. 如果受处罚者无视最终期限，国际足联和/或相关协会（涉及俱乐部或自然人的情况下）应执行所施加的制裁。根据本条规定，因与 CAS 或 FIFA 的决定所产生的付款义务有关，而对债务人实施了禁止注册（就俱乐部而言）、禁止任何与足球有关的活动（就自然人而言）或纪律措施（就协会而言），且债权人提供已遵守此类决定的可靠证据，则此类禁令或措施可以暂时解除。

将请债权人确认是否已支付此类款项。

a）如果债务人提供了准确的信息并完全履行了付款义务，则该禁令或措施将被视为永久解除。

b）如果债务人提供了不准确的信息和/或未能完全履行付款义务，纪律委员会可以决定：

i. 恢复禁令或措施；和

ii. 实施额外的纪律措施。

4. 违规方的体育继承者也应被视为违规方，并因此承担本条款规定的义务。总部、名称、法律形式、球队颜色、球员、股东或利益相关者或比赛种类是评估一个实体是否是另一个实体体育继承者的标准。

5. 相关协会内的主管决策机构针对俱乐部做出的任何需付款或不涉及付款的决定，应由做出该决定的决策机构的协会根据本条规定的原则执行，并且遵守适用的纪律规定。协会如不按照本条规定执行决定，将被处以罚款。如果持续不执行该决定，协会可能会受到额外的纪律处分。

6. 针对相关协会内的主管决策机构对自然人做出的任何需付款或不涉及付款的决定，如果该自然人已在另一个协会注册或获得许可，或者受雇于另一个协会附属俱乐部或另一个协会，则应由做出该决定的决策机构所属协会或该自然人所属协会，根据本条规定的原则及适用的纪律规定执行相关决定。协会如不按照本条规定执行决定，将被处以罚款。如果持续不执行该决定，协会可能会受到额外的纪律处分。

7. 足球仲裁庭作出的付款决定或国际足联采取纪律措施，例如禁止注册任何新球员（无论是国内还是国际）或限制参加官方比赛，都将由国际足联和相关会员协会自动执行。国际足联将有权处理与执行此类决定有关的任何问题，包括但不限于对体育继承者潜在认可以及对潜在破产和/或破产程序的评估。

8. 如果国际足联足球仲裁庭作出的裁决或经国际足联总秘书处确认的建议载有未按时支付相关款项的后果，且债务人在该后果全部送达后未提供付款证明的，纪律委员会可以决定暂时延长此类后果，直至本司法机构根据本条作出最终决定。

9. 纪律委员会有权对债务人不遵守在纪律程序背景下达成的和解协议的案件作出裁决，这些和解协议涉及由国际足联的一个机构、一个委员会、一个附属机构或一个单位或由 CAS 发布的最终和有约束力的付款决定。

10. 如果相应的 CAS 程序于 2019 年 7 月 15 日之后开始，则可以启动因未遵守 CAS 普通程序中作出的最终决定而进行的纪律程序。

22　伪造和篡改

1. 任何人在足球相关活动中伪造文件、篡改真实文件或使用伪造或篡改的文件，将受到罚款和禁赛至少六场或禁赛不少于 12 个月的处罚。

2. 协会或俱乐部可能对其官员和/或球员的伪造或篡改行为承担责任。

23　特殊程序

1. 服用兴奋剂行为将根据《国际足联反兴奋剂条例》和本准则进行制裁。

2. 违反《国际足联足球经纪人条例》的行为将根据《国际足联足球经纪人条例》和本准则进行处罚。

3. 违反《国际足联赛事经纪人条例》的行为将根据《国际足联赛事经纪人条例》和本准则进行处罚。

4. 违反《国际足联清算所条例》的行为将根据《国际足联清算所条例》和本准则进行制裁。

第 4 章　纪律措施的实施

24　处罚的执行

1. 执行纪律措施的时效期限为五年。
2. 时效期限自最终决定生效之日起计算。

25　决定纪律措施

1. 司法机构根据违规的客观和主观要件，并考虑加重和减轻情节，确定纪律措施的类型和程度。

2. 纪律措施可能仅限于某个地理区域或一项或多项特定类别的比赛或竞赛。

3. 在决定纪律措施时，司法机构应考虑案件的所有相关因素，包括违规者在发现或确定违反国际足联规则的行为中提供的任何协助和实质性合作、违规者的情况和违规程度以及任何其他相关情况。

4. 国际足联相关司法机构在行使其自由裁量权时，可以缩减甚至完全取消纪律措施。

26 累犯

1. 如果在先前决定通知后，在下列时间内再次出现类似性质和严重性的违规行为，则构成累犯：

a）前一次违规行为受到禁赛两场的处罚一年内再犯同样的行为；

b）前一次违规行为与秩序和安全有关，两年内再犯同样的行为；

c）前一次违规行为与操纵比赛或腐败有关，十年内再犯同样的行为；

d）在所有其他情况下，三年内再犯同样的行为。

2. 累犯算作加重情节。

3. 兴奋剂问题中的累犯须遵守《国际足联反兴奋剂条例》的规定。

27 纪律措施的中止

1. 司法机关可以决定全部或者部分中止实施纪律处分。

2. 司法机关通过中止执行处分，对受处分的人处以一年至四年的暂缓执行期。

3. 如果暂缓执行的人员在暂缓执行期间再次犯下类似性质和严重程度的违规行为，司法机关应撤销中止处罚，并执行处罚，但不影响对新违规行为施加的任何附加处罚。

4. 与操纵比赛有关的纪律措施不能中止。

28 丧失资格

1. 被判丧失资格，如十一人制足球的球队则被视为以 3-0 输掉了比赛，如五人制足球的球队则被视为以 5-0 输掉了比赛，沙滩足球球队则是视为 10-0 输掉了比赛。如果比赛结束时的比分对有过错球队不利，则维持比赛比分。

2. 丧失资格前的比赛中发出的警告不应被取消。

29　比赛将在没有观众的情况下进行

如果主管司法机构另有决定，任何人不得观看已下令在没有观众情况下进行的比赛，但以下人员不计算在内：

a）持有客队俱乐部或协会的 1 类门票人数最多 200 人，每个协会 VIP 客人最多 20 人；

b）每个团队代表团最多 55 人（含球员）；

c）经认可的广播人员和媒体（记者和摄影师）；

d）负责与比赛安保相关具体任务的警察和安保人员；

e）执行与体育场基础设施（场地、照明、标牌等）相关功能的人员以及执行与比赛相关功能的人员（球童、参与赛前仪式的儿童及其监护人）；

f）在比赛中履行职责的联合会/国际足联代表最多 75 名；

g）联合会/国际足联及其合作伙伴的人员（持赠送的门票）；和

h）最多 1000 名来自学校和/或足球学院的 14 岁以下儿童（在适当陪同下）免费受邀观看比赛。

三　组织和管辖权

第 1 章　总则

30　总则

1. 国际足联司法机构有权对本准则适用范围内的行为进行调查、起诉和制裁。

2. 联合会、协会和其他体育组织负责调查、起诉和制裁各自管辖范围内的行为。特别是，联合会对与属于同一联合会的代表队或俱乐部之间的友谊赛和比赛相关的纪律问题拥有管辖权，但前提是比赛不是由国际足联组织的。

3. 国际足联对其组织的比赛和竞赛、国际"A"级友谊赛（一级国际比赛)、属于不同联合会的代表队或俱乐部之间的友谊赛和比赛或涉及隶属于不同联合会的协会附属俱乐部球员参加的邀请赛有管辖权。

4. 每个协会都有义务与其他协会合作,转发并通知其文件或提供与国内纪律程序相关和/或所需的信息。如果协会未能以这种方式合作,可能会导致本准则规定的处罚。

5. 各联合会和协会应立即向国际足联通报其各自司法机构针对严重违法行为(包括但不限于服用兴奋剂、操纵足球比赛和竞赛、性虐待或骚扰)所发出的制裁。

6. 如果在特定情况下认为适当,并且主管联合会尚未发起正式调查,会员协会或其他体育组织在国际足联得知此事后 90 天内,或者有关联合会、会员协会或体育组织与国际足联同意将有关事宜的审理权限授予国际足联,国际足联司法机构保留在本准则适用范围内,对属于联合会、协会或其他体育组织管辖范围内的严重侵权行为,特别是服用兴奋剂、操纵比赛和歧视行为,进行调查、起诉和制裁的权利。

7. 国际足联司法机构不得处理此前已由另一个国际足联机构作出最终裁决的案件,该案件涉及同一方或多方以及相同的诉因。在这种情况下,该请求应被视为不予受理。

31　国际足联司法机构的组成

1. 在本准则中,国际足联司法机构包括:

a) 纪律委员会;

b) 上诉委员会。

2. 国际足联司法机构由一名主席、一名副主席和诸多委员组成。

3. 代表大会根据理事会的提议选举国际足联司法机构的主席、副主席和其他委员,任期为四年。

32　独立公正

1. 国际足联司法机构的主席、副主席和其他委员应保持公正,并符合《国际足联治理条例》规定的独立性标准。

2. 国际足联司法机构委员不得就有正当理由质疑其独立性或公正性和/或存在利益冲突的事项做出决定。他们应披露可能引起任何此类理由的所有情况。

3. 委员因上述任何原因拒绝参加会议的，应立即通知主席。

4. 如果情况引发对国际足联司法机构委员独立性或公正性的合理怀疑，当事人有权在国际足联司法机构作出裁决前最晚 2 天前提出对该成员的质疑。

5. 主席应对任何此类质疑做出决定。如果对主席、副主席提出异议，或者在他们不在场时，由在场任职时间最长的委员来决定是否接受质疑。

33 会议

1. 根据主席、副主席的要求，或者在他们不在场时，由现场任职时间最长的委员，以及根据潜在违规行为的严重性，秘书处将召集被认为必要的委员参加每次会议。

2. 会议可由一名独任法官参加。

3. 主席、副主席或在他们缺席时由独任法官主持会议并根据本准则授权作出决定。

34 保密

1. 国际足联司法机构委员应确保在履行职责期间对向其披露的所有信息保密（包括案件事实、审议内容和作出的决定）。

2. 国际足联可能会公布程序的开始以及已通知收件人的决定。

3. 任何被要求参与或受到纪律调查或纪律程序的人必须始终对此类信息保密，除非司法机构主席另有明确书面规定。任何违反此类义务的行为都可能受到制裁。

4. 如果司法机构委员违反本条规定，相关委员将被暂停在纪律委员会的职务，直至下届国际足联代表大会为止。

35 秘书处

1. 国际足联总秘书处为国际足联司法机构提供秘书处以及国际足联总部的必要支持、基础设施和工作人员。国际足联司法机构可以得到法律顾问或专家的协助。

2. 秘书处负责行政工作并撰写会议决定。

3. 案件档案由秘书处负责管理。作出的决定及有关档案应当至少保存十年。

4. 秘书处保存警告、被罚出场和停赛的记录，并存储在国际足联的中央数据存储系统中。纪律委员会秘书处以书面形式向有关协会或俱乐部确认，如果是决赛，则向有关代表团团长（或后者在每场比赛中指定的人员）确认。为确保相关记录完整，各足协应向国际足联通报其比赛期间实施的所有处罚，这些处罚可能会延续到国际足联的比赛或各足协未来组织的比赛中。

5. 秘书处依职权负责必要的调查。

6. 适用于调查的一般原则如下：

a）国际足联将根据本准则范围调查可能的违规行为。

b）原则上，调查启动后，应通知有关各方。这不适用于此类通知被认为不适当的情况。此类调查通过书面询问、与第三方（例如司法鉴定机构）合作以及在必要时询问个人的方式进行。还可以采用其他调查程序，包括但不限于现场检查、索取文件和征求专家意见。

如果出现新的证据或事实表明可能发生了属于本准则范围内的违规行为，则可以重新启动调查。

36　诚信专家

1. 秘书处可以任命一名诚信专家来支持对潜在违反国际足联规定的行为进行必要调查。

2. 指定的诚信专家可以要求启动纪律程序，并建议对会员协会、俱乐部和个人采取纪律措施。

3. 诚信专家应保持公正并符合《国际足联治理条例》中规定的独立标准。他们的任命要求和条件以及作用根据有关此主题的相关通函确定。诚信专家的任期不得超过四年。该名单将提交国际足联理事会批准。

37　责任免除

除严重过失的情况外，国际足联司法机构委员和秘书处均不对与任何纪律程序有关的行为或不作为承担责任。

38　时间限制

1. 期限自相关文件通知之日起计算。如果最晚在规定期限最后一天的午夜（欧洲中部时间）之前履行，则视为已遵守时限。

2. 法定节假日和非工作日均计入时限计算内。期限从 12 月 20 日起中止至次年 1 月 5 日（含）。

3. 除协会以外的其他人员应遵守的时限从负责转发该文件的协会收到该文件后的第二天开始计算，除非该文件也同时或仅发送给有关人员或其法定代表人。同时或者单独送达当事人或者其法定代理人的，自当事人或者其法定代表人收到该文书的次日起计算。

4. 当截止日期是国际足联总部所在地瑞士苏黎世州的周六、周日或公众假期时，则顺延至下一个工作日。

5. 如果不遵守时限，违反者将失去相关的程序权利。

6. 本准则规定的期限不得延长。

39　证据、证据评估和证明标准

1. 可以提供任何类型的证据。

2. 主管司法机构在评估证据方面拥有绝对的自由裁量权。

3. 在国际足联纪律程序中，适用的证明标准是使有关司法机构认可并接受。

40　比赛官员的报告

比赛官员的报告以及比赛官员提交的任何附加报告或信件中包含的事实被认为是准确的。如认为相关信息不准确，可提供证据证明。

41　举证责任

1. 国际足联司法机构对违纪行为负有举证责任。

2. 当事人以指称的事实为基础主张权利的，应当对该事实承担举证责任。在诉讼过程中，当事人应当提交当事人当时所知道的或者行使适当注意义务应当知道的一切有关事实和证据。

3. 违反反兴奋剂规则的行为，适用《国际足联反兴奋剂条例》。

42　证人

1. 证人应说出绝对、全部的事实，并应尽其所知和判断回答向他们提出的问题。

2. 各方有责任确保其传唤的证人出庭，并支付与其出庭有关的所有费用和开支。

43 匿名参与仲裁程序

1. 当某人在依照本准则进行的程序中所作的证言可能导致对其的威胁或使其或与其特别亲近的任何人处于人身危险时，主管司法机关的主席或副主席可特别命令：

a）在当事人在场的情况下不披露该人的身份；

b）该人不出席听证会；

c）该人的声音进行变声处理；

d）在听证室外接受讯问；

e）以书面形式接受询问；

f）可用于识别该人身份的全部或部分信息只能包含在单独的机密案件档案中。

2. 如果没有其他证据可以证实有关人员提供的证词，这种证词只有在下列情况下才可用于根据本准则实施制裁：

a）当事人及其法定代表有机会以书面形式向相关人提问；

b）司法机构委员有机会在充分了解当事人身份情况下直接与当事人面谈，同时评估其身份并进行完整记录。

3. 任何人若透露根据本准则获得匿名人士的身份或可用于识别该人身份的任何信息，将受到纪律处分。

44 程序中匿名参与者的身份

1. 为确保其安全，应在当事人缺席的情况下确认匿名人士身份。该身份识别应由主管司法机构主席单独进行，副主席和/或主管司法机构委员在场，并应记录在包含相关人员个人详细信息的会议记录中。

2. 这些会议记录不得传达给当事人。

3. 当事人应收到一份简短通知，其中：

a）明确有关人员身份已得到正式确认；

b）不包含可用于识别该人身份的详细信息。

45 代表和协助

1. 根据本准则第46条，当事人可以自行付费聘请法律代表，在这种情况下，必须提交正式签署的授权书。

2. 如果未指定当事人亲自出庭，他们可以派代表出席。

46 法律援助

1. 为了保障自己的权利，受本准则约束且财力不足的个人可以向国际足联请求法律援助，以便向国际足联司法机构提起仲裁程序。

2. 法律援助申请人必须提交合理的请求和证明文件。

3. 秘书处制定一份无偿律师名单。

4. 根据每位申请人的需要，并经国际足联事先书面确认，可以提供以下法律援助：

a）申请人可以免除支付诉讼费用。

b）申请人可以从秘书处提供的名单中选择公益律师。

c）申请人自己以及他们传唤作证的证人和专家的合理差旅和住宿费用可能由国际足联承担，包括从秘书处提供的名单中选出的任何公益律师的差旅和住宿费用。

5. 纪律委员会主席对法律援助请求做出决定。此类决定是最终决定。

6. 与法律援助和公益律师相关的更多条件和要求可能以通函传达。

47 纪律程序中使用的语言

1. 纪律程序使用的语言为英语、法语和西班牙语。国际足联司法机构和各方可以选择使用这些语言中的任何一种进行沟通。

2. 决定以上述任何一种语言传达。

3. 如果决定中使用的语言不是相关人员的母语，则该人员所属的协会将负责翻译。

48 与当事人的沟通

1. 决定应通知所有各方。

2. 秘书处的通知应发送至相关方专门向秘书处提供的电子邮件地址和/或通过挂号信发送。电子邮件和挂号信是有效且具有约束力的通信方式，将被视为足以确定时间限制及其遵守情况。

3. 各方和协会必须确保其联系方式（包括地址、电话号码和电子邮件地址）有效并及时更新。

4. 涉及球员、俱乐部和官员的决定和其他文件将发送给相关协会，条件是协会将文件转发给相关各方。如果协会代表当事人行事，这些文件被视为在通知各自协会后的第二天已正确传达给最终收件人。如果当事人的电子邮件地址未知，并且文件已发送给相关协会，则在将文件通知各自协会四天后，这些文件被视为已正确传达给最终收件人。协会若不遵守上述指示，可能会根据本准则受到纪律处分。

49　成本和费用

1. 除本准则另有规定外，费用和开支由受处罚方承担。

2. 纪律委员会的诉讼费用应由国际足联承担，抗议案件除外，此时费用应由败诉方承担。

3. 如果没有一方受到制裁，费用和开支将由国际足联承担。如果一方因其行为产生不必要的费用，则无论诉讼结果如何，都可能对其收取费用。

4. 对案件实质作出裁决的司法机构决定如何分配成本和费用，相关金额由相关司法机构主席规定。决定不得上诉。

5. 各方应承担自己的费用，包括其证人、代表、法律顾问、口译员和律师的费用，但须遵守第46条的规定。

50　决定的效力

1. 决定一经通知即生效。

2. 警告、被罚下场和自动暂停比赛即使稍后通知相关协会、俱乐部或代表团团长，也会立即影响随后的比赛。

51　临时措施

1. 主管司法机构主席或其指定人有权在认为为确保司法公正、维持体育纪律或避免不可挽回的伤害或出于安全和安保原因，采取临时措施。他们没有义务听取各方的意见。

2. 可以根据本准则的相关规定对纪律委员会主席或其指定人发布的临时措施提出上诉。然而，上诉必须在有争议的措施通知后三天内以书面形式提交国际足联并附上理由，且不需支付任何上诉费。上诉委员会主席或其提名人作为独任法官对此类上诉做出裁决，且此类决定是最终决定。

3. 临时措施的有效期最长可达 90 天。任何这种措施的持续时间可以从最后的纪律处分中扣除。主管司法机构主席或其提名人可例外地将临时措施的有效期延长至多 90 天。

52　国际体育仲裁院（CAS）

1. 根据本准则和《国际足联章程》第 56 条和第 57 条的规定，可以就纪律委员会和上诉委员会通过的决定向 CAS 提出上诉。

第 2 章　决定程序

53　召集、各方权利、听证会、决定、沟通和保密

1. 一般来说，没有口头陈述，国际足联司法机构根据提交的文件做出决定。

2. 根据其中一方当事人的主动请求，或者根据主席、副主席或主管独任法官的酌情决定，可以安排举行听证会，并召集所有当事人参加听证会。

3. 除非本准则另有规定，各方有权在作出任何决定之前提交书面陈述，审查案件材料，并在裁决做出前并索要案件材料副本。

4. 听证会被记录并存档。当事人无权查阅听证会录音；然而，如果一方声称在听证会期间违反了对其有利的程序规则，主管司法机构的主席或其指定人可以允许该方查阅录音。五年后录音将被销毁。

5. 国际足联司法机构可以在一方或全体缺席的情况下举行听证会并做出决定。

6. 如果针对同一协会、俱乐部或个人提起不同的诉讼，主管司法机构可以将案件合并处理并做出裁决。

7. 国际足联司法机构的听证会不向公众开放，除非在个人违反反兴奋剂规则的情况下，如果被告提出正式要求并得到相关司法机构主席或其指定人的批准。如果出现操纵比赛的情况，相关主席或其提名人将决定是否举行公开听证会。主席或其提名人自行决定是否以及在什么条件下可以举行公开听证会。

8. 在相关司法机构召开会议裁决案件之前的任何时间，一方可以承担责任并请求国际足联司法机构实施具体制裁。国际足联司法机构可以根

据此类请求做出决定，或者根据本准则做出其认为适当的决定。

9. 所有涉及协会、俱乐部或个人的沟通往来（包括对其进行的诉讼通知和国际足联司法机构作出的决定）都直接发送给相关的协会或俱乐部，后者必须在适当的情况下通知俱乐部或个人本人。国际足联或国际足联司法机构的所有此类通信均采用秘书处发送的电子邮件的形式。

10. 协会、俱乐部或个人向国际足联的书面通信应采用电子邮件的形式。

54 决定

1. 决定由一名法官或出席委员的简单多数通过。如果票数相等，则主席拥有决定票。

2. 国际足联司法机构可以通过个人会议、电话会议、视频会议或任何其他类似方式做出决定。

3. 原则上，国际足联司法机构发布的是无理由决定，并且仅将这些决定条款通知给各方，并告知各方在收到通知后有十天时间以书面形式请求做出有理由的决定。逾期不作要求的，该裁决将具有最终约束力，并视为当事方放弃上诉权。

4. 有理由的决定至少应包括：

a）对事实的简要总结，不需要包括每一个论点；

b）违反的条款；

c）与可能违反国际足联规定相关的考虑因素；和

d）用于确定可能制裁的标准。

5. 如果在上述第 3 款规定的期限内请求作出有理由决定，则提出上诉的期限仅从有理由决定通知后开始计算。只有决定通知的各方才能请求有理由决定。

6. 在收到有理由决定前提起的任何上诉都被视为仅要求提供有理由决定的请求。

7. 与兴奋剂相关的决定是有理由的决定。情况紧急或者有其他特殊情况的，有关司法机关可以仅将决定的条款告知当事人，该决定立即适用。完整的书面决定应在 60 天内发出。

8. 国际足联秘书处公布国际足联司法机构发布的决定。如果此类决定包含机密信息，国际足联可以依职权或应一方请求决定发布匿名或修订版本。

9. 请求作出有理由决定并不影响决定的执行，决定一经通知即生效，但支付款项的命令除外。

10. 主管司法机关可以随时纠正计算错误或者决定中的任何其他明显错误。

第3章　纪律委员会

55　纪律程序开始

1. 纪律委员会秘书处根据下列情况开启纪律程序：

a) 根据比赛官员的报告；

b) 提出抗议时；

c) 应国际足联理事会的要求；

d) 应诚信专家的要求；

e) 应道德委员会的要求；

f) 根据国际足联机构、委员会、附属机构、实体或国际足联行政部门提交的报告；

g) 根据本准则第21条；

h) 根据从公共机构收到的文件；

i) 依职权。

2. 任何个人或机构均可向国际足联司法机构举报任何被认为不符合国际足联规定的行为。此类投诉应以书面形式提出。国际足联可能会发起调查并任命一名诚信专家来调查任何此类投诉。

56　管辖权

1. 纪律委员会有权制裁任何违反国际足联规定的行为，且该行为不属于其他机构管辖范围。

2. 纪律委员会特别负责：

a) 处罚比赛官员未注意到的严重违规行为；

b) 纠正裁判员纪律决定中的明显错误；

c) 延长因被罚下场而自动停赛的时间；

d) 宣布额外制裁。

3. 如果认为适当，无论涉及何种事项，主席或副主席可以将案件直接提交上诉委员会审议和决定。

57　纪律委员会独任法官的管辖权

1. 主席可以作为一名独任法官单独裁决，并可以将其职责委托给纪律委员会的另一名委员。特别是，主席或其提名人作为独任法官可以就以下任何事项做出决定：

　　a）紧急或抗议案件；

　　b）是否应启动、暂停或终止纪律程序；

　　c）暂停某人最多五场或三个月比赛；

　　d）最高 100000 瑞士法郎的罚款；

　　e）延长处罚期限；

　　f）解决因对纪律委员会委员提出异议而产生的争议；

　　g）颁布、变更和废止临时措施；

　　h）涉及本法第 21 条规定事项的案件；

　　i）涉及比赛秩序和安全的案件；和/或

　　j）未进行或放弃的比赛。

2. 秘书处在主席或副主席的指导下，负责将相关案件交由独任法官审理。由独任法官审理的程序应按照本准则进行。

58　秘书处的提案

对于由独任法官处理的事项，秘书处可以根据现有档案提出处罚建议。有关方可以拒绝秘书处提出的制裁意见，并在收到相关通知后五天内向司法机构提交立场，否则秘书处提出的制裁意见将成为具有约束力的最终决定。

59　纪律程序结束

在以下情况下，程序可能结束：

　　a）双方达成协议；

　　b）根据相关国家法律，一方正处于无力偿债或破产程序中，并且在法律上无法遵守命令；

　　c）俱乐部与协会脱离关系；

d）所指控的违规行为尚未得到证实。

第 4 章 上诉委员会

60 管辖权

1. 上诉委员会有权对任何针对纪律委员会决定的上诉作出裁决（如果国际足联规定没有宣布其为最终决定或提交给另一个机构），以及对纪律委员会主席或副主席提交审议和决定的案件进行裁决。

2. 根据《国际足联道德准则》的规定，上诉委员会还有权就针对道德委员会决定的上诉做出裁决。

3. 拟上诉方必须在收到决定理由后三天内以书面形式告知上诉委员会其上诉意图。

4. 上诉人应当在上诉期限届满后五天内，以书面形式提交上诉状。这必须包含上诉人的请求、事实说明、证据、拟议证人名单（及其预期证词的简短摘要）以及上诉人的结论。在提交上诉状的截止日期后，上诉人无权提交进一步的书面意见或证据。

5. 在紧急情况下以及决赛期间，主席可以缩短提交上述文件的期限。

6. 上诉费为 1000 瑞士法郎，最迟应在提交上诉状时支付。

7. 如果未满足任何期限和/或任何上述要求，则上诉不予受理。

61 上诉的可受理性

1. 可以针对纪律委员会通过的任何决定向上诉委员会提出上诉，除非所做出的纪律措施是：

a）警告；

b）谴责；

c）最多停赛两场或两个月的（与反兴奋剂相关的决定除外）；

d）对协会或俱乐部处以最高 15000 瑞士法郎的罚款，在其他情况下最高处以 7500 瑞士法郎的罚款；

e）根据本准则第 21 条作出的决定。

2. 只有有理由的决定才可以提出上诉。

3. 如果纪律委员会对违规行为采取了多项纪律措施，如果其中至少有一项纪律措施超过上述限制，那么上诉是可接受的。在这种情况下，后续案件将仅有权审查超过上述限制的处罚。

62　上诉理由

1. 任何曾参与纪律委员会程序的一方都可以向上诉委员会提出上诉，前提是该方在提出上诉时享有受法律保护的利益。

2. 协会和俱乐部可以对制裁其球员、官员或会员的决定提出上诉。

63　审议和决定

1. 上诉委员会的审议是在闭门会议中进行的。

2. 在上诉程序的框架内，上诉委员会拥有充分权力审查事实和法律。

3. 上诉委员会可以维持、修改或推翻有争议的决定。在审判无效情况下，上诉委员会可以推翻有争议的决定，并将案件发回纪律委员会重新评估。

4. 如果被告是唯一提出上诉的一方，则不能增加处罚。

5. 如果在上诉程序悬而未决期间发现新的纪律违规行为，则可以在同一程序中对其进行裁决。在这种情况下，可以加大处罚力度。

64　主席单独裁决的管辖权

上诉委员会主席（或在主席缺席时，副主席）可单独作出以下决定：

a）与上诉有关的初步程序问题，包括上诉的可受理性；

b）紧急或抗议情况；

c）对延长制裁的决定提出上诉；

d）解决因对上诉委员会委员提出异议而产生的争议；

e）对纪律委员会主席通过的临时决定提出上诉；

f）颁布、变更和废除临时措施；

g）纪律委员会处以最高 500000 瑞士法郎的罚款或最多 5 场或 12 个月的禁赛或禁止履职；和/或

h）应当事方的请求。

65　上诉的效力

1. 除支付款项的命令外，上诉不具有中止效力。

2. 主席、副主席，或者在他们缺席的情况下，任期最长的委员，在收到合理的请求后，可以裁定暂缓执行。

四 特别程序

66 开除和停赛

1. 被罚下场的球员：

a）应在一名监护人的陪同下留在球队更衣室或反兴奋剂控制室，直到被通知进行兴奋剂检查。球员可以被允许坐在看台上，前提是他们的完整性和安全得到保障，他们没有被选中进行兴奋剂检查并且不再穿着足球装备。

b）无权参加赛后新闻发布会或在体育场举行的任何其他媒体活动。

2. 被停赛的球员：

a）在其安全和完整性得到保障的情况下，可以被允许坐在看台上，但不能坐在比赛场地附近。

b）比赛前或比赛期间不得进入更衣室、运动员通道或技术区，不得参加热身活动，不得坐在球队替补席上。终场哨响后，被停赛的球员可以到更衣室归队。

c）无权参加赛后新闻发布会或在体育场举行的任何其他媒体活动。

3. 被罚下场或在停赛期间的官员：

a）在其安全和完整性得到保障的情况下，可以被允许坐在看台上，但不能坐在比赛场地附近。

b）不得在比赛前或比赛期间以任何方式进入更衣室、运动员通道或技术区域，或与任何参与比赛的人员（特别是球员或技术人员）进行交流或联系。

c）无权参加赛后新闻发布会或在体育场举行的任何其他媒体活动。

4. 被罚下场将自动导致下一场比赛暂停。国际足联司法机构可能会实施额外的停赛和其他纪律措施。

5. 即使被罚下场的比赛后来被放弃，取消，剥夺资格和/或重赛，自动停赛和任何额外停赛的处罚仍需执行。

6. 如果一场比赛被放弃、取消或剥夺资格（违反第 19 条规定的除外），只有在被停赛球员所属球队对导致上述结果不负责任时，才视为球员的停赛处罚已执行。

7. 如果一名球员在比赛中参加了比赛，尽管他不符合资格，但如果事后被剥夺球队比赛资格，禁赛将无须执行。这也适用于对无资格参加比赛的球员实施的禁赛处罚。

67　实施警告

1. 如果某球员在同一 FIFA 赛事的两场不同比赛中分别收到警告，则该球员将自动暂停参加该赛事的下一场比赛。此类禁赛必须在任何其他禁赛前执行。纪律委员会可以在特定比赛开始前例外地偏离或修改本规则。纪律委员会做出的任何此类决定均为最终决定并具有约束力。

2. 在一场比赛中收到的警告不会延续到另一场比赛中。

3. 然而，它们会在同一赛事中从一轮延续到下一轮。纪律委员会可以在特定比赛开始前例外地偏离适用本规则。本条款受本准则第 68 条以及国际足联可能针对特定比赛发布的任何减损规则的约束。

4. 如果某球员直接因红牌而被罚下场，那么其之前在同一场比赛中收到的任何警告都仍需执行。

68　取消警告

1. 纪律委员会可以主动自行决定或应联合会要求，通过一项不可上诉的决定取消警告，前提是该警告未导致球员被罚下场或停赛。

2. 任何情况下，委员会在任何比赛中只能取消一次。

69　停赛延续

1. 作为一般规则，每场比赛（球员和其他人）的停赛都会在同一比赛中从一轮延续到下一轮。

2. 在比赛之外被罚下（单独的比赛）或未在原定比赛期间（淘汰赛或最后一场比赛）被罚下的球员，其比赛停赛情况如下：

a）FIFA 世界杯和 FIFA 女子世界杯：延续至代表队的下一场官方比赛。

b）有年龄限制的比赛：延续到代表队下一场同年龄段的官方比赛。同禁赛无法在同一年龄组执行的，应延续到下一个最高年龄组执行。

c）FIFA 俱乐部世界杯：延续到俱乐部的下一场官方比赛。

d) 女子奥林匹克足球锦标赛：延续到代表队下一场官方比赛。

e) 男子奥林匹克足球锦标赛：对于达到年龄限制的球员，延续到代表队下一场同年龄段的官方比赛。如果停赛不能在同一年龄组中执行，则应延续到下一个最高年龄组执行。对于未达到年龄限制的球员，应延续至代表队下一场官方比赛执行。

f) 代表队的联合会比赛：延续到代表队的下一场官方比赛。

g) 根据一定标准（文化、地理、历史等）选择参赛球队的比赛：除非这些比赛的规则另有明确规定，否则停赛将延续至代表队的下一场官方比赛。

h) 友谊赛：延续到代表队的下一场友谊赛。

3. 如果代表队正在举办决赛，因此不需要参加预选赛即可进入本次比赛的决赛，并且其下一场官方比赛即是决赛，则任何停赛将延续至该代表队的下一场友谊赛。

4. 在任何情况下，因同一赛事中的不同场次比赛中对一名球员多次发出警告而导致的停赛，该处罚不得延续到另一赛事。

5. 俱乐部或协会的官员应在其所属俱乐部或协会执行停赛处罚。

6. 必须延续到另一场赛事的停赛处罚，无论被处罚人员的身份在此期间是否发生变化，包括从球员变为官员（反之亦然），均须执行。

70 将制裁扩大到全球范围

1. 如果侵权行为严重，特别是但不限于歧视、操纵足球比赛和竞赛、对比赛官员的不当行为、伪造和弄虚作假，以及性虐待或骚扰，协会、联合会和其他体育组织机构应予以处罚。要求纪律委员会扩大其实施的制裁，以便在全球范围内生效（全球范围内延伸）。

2. 其他国家或国际体育协会、国家反兴奋剂组织或任何其他符合基本法律原则的国家机构实施的与兴奋剂相关的具有法律约束力的制裁均应自动被国际足联采纳，前提是符合以下规定和《国际足联反兴奋剂条例》第74条，应自动得到所有联合会和协会的认可。

3. 请求应以书面形式提交，并附上决定的真实副本。它应包括受制裁人员的姓名和地址以及相关俱乐部和协会的名称与地址，以及有关人员已被告知制裁将在全球范围内延期的证据。

4. 如果纪律委员会发现协会、联合会和其他体育组织没有要求将决定扩大到全球范围内生效，则仍可以依职权通过此种决定。

5. 在以下情况下，处罚扩展到全球有效将获得批准：

a）受制裁人员已被适当指控；

b）受制裁人员有机会陈述案情（临时措施除外）；

c）该决定已得到适当传达；

d）该决定符合国际足联的规定；

e）扩大制裁并不与公共秩序或公认的行为标准相冲突。

6. 纪律委员会主席原则上不经审议或口头听取任何一方的意见，仅使用提交的文件作出决定。

7. 主席可以破例决定传唤当事人。

8. 主席仅限于确定本条款设置的条件是否已得到满足，可能不会审查决定的实质内容。

9. 主席应批准或拒绝批准延长制裁的请求。

10. 某个协会或联合会实施的制裁在国际足联各协会、各联合会以及国际足联本身中具有同等效力，如同该制裁是由其中任何一个协会实施的一样。

11. 如果法律意义上尚未最终确定的决定被延长以在全球范围内生效，则任何有关延长的决定均应遵循协会或联合会当前决定的结果。

71 复审

1. 在通过具有法律约束力的决定后，如果一方发现事实或证据本来可以导致对其更有利的决定，并且即使审慎调查也不可能在决定作出前获得相关事实或者证据，则可以向主管司法机构请求复审。

2. 应当自发现复审理由之日起十日内提出复审请求。

提交复审请求的时效期限为决定具有最终的约束力后一年。

五　最终条款

72 官方语言

1. 本准则有英语、法语和西班牙语版本。

2. 如果三个文本之间存在任何差异，则以英文版本为准。

73 性别及人数

提及自然人的术语男女通用。任何单数的术语均适用于复数，反之亦然。

74 具体纪律规则

国际足联决赛期间可能会引入具体的纪律规则。此类规则最迟应在决赛第一场比赛之前传达给参赛协会/俱乐部。

75 协会纪律准则

1. 协会有义务根据本准则的一般原则调整自己的纪律规定，以协调纪律措施。本准则第 66 条第 3 款在国内比赛中被视为具有强制性。

2. 根据国际足联的要求，各协会必须向国际足联提供其最新规定的副本。

3. 所有协会还应确保俱乐部或协会本身的管理中没有任何人因不适合担任该职位的行为而受到起诉或在过去五年内被判犯有刑事犯罪。

76 通过和执行

本准则由国际足联理事会于 2022 年 12 月 16 日在多哈举行的会议上通过，并于 2023 年 2 月 1 日生效。

国际足联理事会

主席詹尼·因凡蒂诺

苏黎世，2022 年 12 月 16 日

附件1　纪律措施清单

本准则第6条规定了国际足联司法机构可以对自然人和法人实施的纪律措施清单。

本附件旨在提供一份具体纪律措施清单，相关司法机构在对具体案件作出裁决时可以考虑这些措施。

为了良好秩序，需要指出的是，本附件中制定的纪律措施清单并非详尽无遗，也不具有约束力，并且不妨碍根据本准则第25条确立的一般原则。事实上，处罚决定是根据具体情况作出的，纪律措施的类型和程度是由相关司法机构根据违规行为的客观和主观因素确定的，同时考虑到加重情节和减轻情节。

一　不履行付款决定（本准则第21条）

应付金额（瑞士法郎）	罚款（瑞士法郎）	遵守有关决定的最后期限	如在最后期限内未能遵守决定将采取进一步的纪律处分		
			俱乐部	协会	个人
0—10000	1000				
10001—20000	2000				
20001—50000	5000				
50001—75000	7500				
75001—100000	10000	30天	禁止注册新球员直至金额完全支付	额外的纪律措施	禁止参加足球相关活动
100001—250000	15000				
250001—500000	20000				
500001—750000	25000				
750001—1500000	30000				
1500000—3000000	30000				
> 3000000	30000				

二 比赛秩序和安全（本准则第 17 条）

（一）主场俱乐部和协会的责任

违规行为	第一次违规的处罚	第二次违规的处罚	多次违规的处罚
未能评估比赛风险等级以及通知 FIFA 比赛中的特别高风险	5000 瑞士法郎	7500 瑞士法郎	15000 瑞士法郎
未能遵守和执行现有的安全规定，以及在赛前、赛中、赛后及事故发生后未能采取必要的安全措施	5000 瑞士法郎	7500 瑞士法郎	15000 瑞士法郎
未能确保客队的比赛官员、球员及官员在停留期间的安全	5000 瑞士法郎	7500 瑞士法郎	15000 瑞士法郎
未能与当地有关机关保持联系并与其有效合作	5000 瑞士法郎	7500 瑞士法郎	15000 瑞士法郎
未能确保场馆周围的法律秩序得以维持，以及比赛合理组织	10000 瑞士法郎	15000 瑞士法郎	30000 瑞士法郎

（二）因支持者的不当行为产生的协会和俱乐部的责任

违规行为	第一次违规的处罚	第二次违规的处罚	多次违规的处罚
入侵或试图入侵比赛场地	5000 瑞士法郎（少于 5 人） 7500 瑞士法郎（5—10 人） 10000 瑞士法郎（10—20 人） 20000 瑞士法郎（超过 20 人）	7500 瑞士法郎	之前的罚款增加 100%
投掷物品	物品数量×500 瑞士法郎	物品数量×750 瑞士法郎	物品数量×1000 瑞士法郎
燃烧烟火或其他物品	烟火数量×500 瑞士法郎 最高罚款 1000 瑞士法郎	烟火数量×750 瑞士法郎 最高罚款 1500 瑞士法郎	烟火数量×1000 瑞士法郎 最高罚款 2000 瑞士法郎
使用激光笔或类似电子装置	5000 瑞士法郎	7500 瑞士法郎	之前的罚款增加 100%
使用手势、语言、物品或其他方式表达不适合体育活动的信息	5000 瑞士法郎（伤害性低） 10000 瑞士法郎（伤害性高）	10000 瑞士法郎（伤害性低） 20000 瑞士法郎（伤害性高）	之前的罚款增加 100%
损害行为	5000 瑞士法郎+损失	7500 瑞士法郎+损失	之前的罚款增加 100%

续表

违规行为	第一次违规的处罚	第二次违规的处罚	多次违规的处罚
在唱奏国歌时引起混乱	5000 瑞士法郎	7500 瑞士法郎	之前的罚款增加 100%
发出持续性噪声	15000 瑞士法郎（如果比赛未中断/对比赛没有影响） 25000 瑞士法郎（如果对比赛有影响——中断或延迟）		

三　球员和官员的不当行为（本准则第 14 条）

FIFA 赛事	罚款			
	黄牌警告	间接红牌	直接红牌	球队不当行为
FIFA 世界杯	10000 瑞士法郎	15000 瑞士法郎	20000 瑞士法郎	15000 瑞士法郎
FIFA 女子世界杯	5000 瑞士法郎	7500 瑞士法郎	10000 瑞士法郎	7500 瑞士法郎
FIFA 世界俱乐部杯	10000 瑞士法郎	15000 瑞士法郎	20000 瑞士法郎	15000 瑞士法郎
FIFA U-20 世界杯	500 瑞士法郎	1000 瑞士法郎	1500 瑞士法郎	1000 瑞士法郎
FIFA U-20 女子世界杯	500 瑞士法郎	1000 瑞士法郎	1500 瑞士法郎	1000 瑞士法郎
FIFA U-17 世界杯	500 瑞士法郎	1000 瑞士法郎	1500 瑞士法郎	1000 瑞士法郎
FIFA U-17 女子世界杯	500 瑞士法郎	1000 瑞士法郎	1500 瑞士法郎	1000 瑞士法郎
FIFA 沙滩足球世界杯	500 瑞士法郎	1000 瑞士法郎	1500 瑞士法郎	1000 瑞士法郎
国际足联世界杯五人足球赛	500 瑞士法郎	1000 瑞士法郎	1500 瑞士法郎	1000 瑞士法郎
奥运会足球锦标赛-男子	500 瑞士法郎	1000 瑞士法郎	1500 瑞士法郎	1000 瑞士法郎
奥运会足球锦标赛-女子	500 瑞士法郎	1000 瑞士法郎	1500 瑞士法郎	1000 瑞士法郎
青年奥林匹克足球比赛-男子	无	无	无	500 瑞士法郎
青年奥林匹克足球比赛-女子	无	无	无	500 瑞士法郎

四 其他比赛相关问题

FIFA 装备管理规定			
违规行为	第一次违规的处罚	第二次违规的处罚	多次违规的处罚
违反 FIFA 装备管理规定	警告	5000 瑞士法郎	之前的罚款增加 50%

FIFA 媒体和市场管理规定			
违规行为	第一次违规的处罚	第二次违规的处罚	多次违规的处罚
在控制区域有未批准的广告出现在装备上	警告	5000 瑞士法郎	之前的罚款增加 50%
在控制区域有竞品饮料的销售	警告	500 瑞士法郎	之前的罚款增加 50%
官方训练场地有未批准的广告	警告	5000 瑞士法郎	之前的罚款增加 50%
在控制区域未能遵守媒体活动义务	警告	2000 瑞士法郎	之前的罚款增加 50%
在控制区域有促销材料的展示和/或展览	警告	1000 瑞士法郎	之前的罚款增加 50%
使用未授权的 FIFA 竞争产品	警告	2000 瑞士法郎	之前的罚款增加 50%

其他			
违规行为	第一次违规的处罚	第二次违规的处罚	多次违规的处罚
迟延开球	警告	10000 瑞士法郎	之前的罚款增加 100%

球员身份委员会和争议解决庭程序规则[①]

2021 年 1 月版

一　总则

根据《国际足联章程》第 34 条第 12 款制定如下规则：

1　范围

1. 球员身份委员会和争议解决庭（DRC）的工作程序应遵照本规则执行。

2. 如果与《国际足联章程》或者其他国际足联规章制度中的条款有分歧，本规则不享有优先权。

2　法律适用

在适用法律过程中，球员身份委员会和争议解决庭在适用《国际足联章程》与有关规则的同时，应考虑当事方国家层面所有相关的协定、法律和/或者劳资协议，以及体育特殊性。

3　管辖

1. 球员身份委员会和争议解决庭将根据 RSTP 第 22—24 条的规定来审查其管辖权。如果不明确管辖权属于球员身份委员会还是争议解决庭，将由球员身份委员会主席决定管辖机构。

[①]　文件来自国际足联官方网站：https://digitalhub.fifa.com/m/118bd33f313f6b7a/original/eaa51hgxffjqmigrprza-pdf.pdf。

2. RSTP 第 23 条第 4 款和第 24 条第 2 款规定了球员身份委员会独任法官和 DRC 法官的身份与管辖权。

3. 独任法官或者 DRC 法官裁决的程序不仅要遵守其他条例，还要遵守本规则的要求。

4 成员组成

球员身份委员会和争议解决庭的主席、副主席和委员应由国际足联执委会选定。争议解决庭有 26 名委员，由同等数量的球员代表和俱乐部代表组成，其中委员应根据球员协会和俱乐部或者联赛的提议任命。

5 一般程序原则

1. 球员身份委员会和争议解决庭应根据本规则履行和监督程序。

2. 参与法律程序和裁决过程的所有人员须公正执法。

3. 涉案人/方有义务向球员身份委员会和争议解决庭告知实情。

4. 只有在索赔请求具有正当理由的情况下，球员身份委员会和争议解决庭方会处理该索赔请求。

5. 球员身份委员会和争议解决庭应根据其最佳判断来确定案件事实。所有参与仲裁程序的人员以及所有受《国际足联章程》约束的人员应协助确定案件事实。

6. 球员身份委员会和争议解决庭应及时履行职责。

7. 球员身份委员会和争议解决庭的委员在同一案件的审理中应负有相同的职能。他们应约束自身不给其他机构和委员会施加影响，并且应对执行职务时了解的、未列入裁决的所有信息严格保密，尤其应对审议过程保密。

8. 除有相反规定外，应授予程序各方陈述意见权、举证权、对裁决证据检查权、阅卷权以及获悉裁决理由权。

二 程序规则

6 当事方

1. 当事方是指国际足联会员协会、俱乐部、球员、教练或者有从业资质的赛事代理人。

2. 当事方可指定一位代理人，该代理人需持有当事方的书面授权委托书。如果某一方被要求亲自出庭，该方则应遵循传唤。

3. 收到索赔请求后，将向启动程序的当事方发送书面确认函，并及时通知受程序开启影响的其他当事方。

7 回避和质疑

1. 如果案件涉及球员身份委员会和争议解决庭的某（些）委员的个人和/或直接利益，该（这些）委员不能参与案件的审理。他/她（他们）应及时披露回避原因。

2. 如果有合理理由怀疑球员身份委员会和争议解决庭委员的独立性和无偏袒性，当事方可对其成员提出质疑，但应在回避事由披露后 5 日内提出质疑，否则将失去提出质疑的权利。质疑的动议应是被证实了的，而且如果有可能应有证据的支持。如果被质疑的委员不接受对他的指控，球员身份委员会或争议解决庭应在该委员不在场的情况下对质疑作出裁决。

3. 如质疑的结果使球员身份委员会和争议解决庭委员不再能够行使审理职权，国际足联执委会应对质疑作出最终裁决，而且如有必要，可任命一个临时委员会审理案件。

8 程序形式

一般情况下，程序应以书面形式进行。

9 申请书和声明

1. 申请书可使用国际足联四种官方语言中的任何一种语言，并以本规则规定的方式提交（参见第 9 之一条），包括以下内容：

当事方的姓名、住址和电子邮箱；

法定代理人的姓名、地址和电子邮箱，并附一份授权委托书；

动议或者索赔请求；

案件陈述、提出动议或者索赔请求的理由、证据材料；

与纠纷有关的文件，如合同和双方之前与案件相关的往来信函的原件，而且如果可以，译成 FIFA 四种官方语言中的任何一种（作为证据）；

案件涉及的其他自然人和法人的姓名（名称）、住址和电子邮箱（作为证据）；

经济纠纷范围内的争议金额（联合机制补偿相关的索赔除外）；

提交给球员身份委员会或者独任法官的相关程序的费用预付凭证（参见第 17 条）；

日期以及有效签名；

银行账户注册表签名复印件（可在 legal.fifa.com 获取）。

2. 不符合前述要求的申请书将被退回修改。当收到不完整的申请书时，国际足联管理部门将要求相关当事方予以完善。如果在规定时间内未完成，将视为撤回申请。申请书内容不当或者不属于调解范围的将被立即驳回。

3. 申请书达到要求的，将发送给被申请人或相关人员限期内陈述或答复。如果到期未陈述或答复，将基于已有的案件材料作出裁决。逾期提交的材料将不予受理。各方应提交所有事实和法律依据，并附上相关证据，如果可以，还应提供 FIFA 四种官方语言之一的译本。

4. 如被申请人提出反索赔请求，应在答辩期内提交包含上述第 1 款规定的所有信息的申请书。只有特定情形下才会进行第二次的信函交换。如果本案的被申请人提交与本案相关的新索赔请求，则两个案件合并，其中新案件作为反索赔请求处理。如果被申请人已被要求对本案做出答辩，则必须在本案答辩期内提交新索赔请求，以便被考虑。

5. 通知调查结束后，各方不能补充或修改其诉求或答辩意见，不得提交新证据或详细说明进一步的证据。国际足联管理部门可在任何时候要求提交额外声明和/或文件。

6. 在没有直接联系方式的情况下，发送给争议当事方（特别是俱乐部）的裁决将发送给相关协会并指令其将裁决发送给相关当事方。发送给协会 4 天后视为送达最终收件人。若协会未能遵守前述指令，可能受到《国际足联纪律准则》中规定的处分。

9 之一　与各当事方的沟通

1. 作为一般原则，与当事方的所有通信应通过电子邮件进行。通过电子邮件发送的通知被视为有效的通信手段，并被视为遵守期限的充足证据，或者也可以通过平邮或快递方式寄送相关材料。然而，通过传真发送的相关材料不具有法律效力。

2. 通过电子邮件发送的相关材料应发送至 psdfifa@ fifa. org, 必须以 PDF 文件形式提交, 内容包括日期和有效且有约束力的签名, 否则不具有法律效力。

3. 国际足联应通过当事方提供的电子邮箱或转会匹配系统（TMS; 参见 RSTP 附件 3 第 4 条第 1 款、第 5 条第 2 款）中的电子邮箱向当事方发送材料。协会和俱乐部在 TMS 中登记的电子邮箱被视为有效且有约束力的送达地址。当事各方以及协会必须确保其联系方式（如地址、电话号码和电子邮箱）的有效性, 并及时予以更新。

4. 当事各方有义务遵守国际足联发送至当事方提供的或 TMS 中登记的电子邮箱中的相关指令。

10　地点

球员身份委员会（包括独任法官）和争议解决庭（包括 DRC 法官）审理的案件应在瑞士苏黎世的国际足联总部进行, 例外情况除外。

11　口头听证

1. 如有必要, 当事各方可能会被传唤出席口头听证。听证将由主席指定一人记录。当事各方、证人和专家需在各自的证词上签字。

2. 在及时提出要求的情况下, FIFA 会提供一名口译人员, 但口译人员的费用由提出要求的一方承担。

12　取证

1. 证据包括当事方陈述、证人证言、书证、专家报告和所有其他相关证据。

2. 仅对案件相关证据进行审理。

3. 当事方对其主张的事实提起索赔请求的, 应当承担举证责任。在审理过程中, 当事方各方应提交其已知或尽到合理注意应知的所有相关事实和证据。

4. 球员身份委员会和争议解决庭也可以考虑各方没有提交的证据。

5. 球员身份委员会和争议解决庭可能会采纳 TMS 中包含或产生的任何材料或证据（根据 RSTP 附件 3 第 6 条第 3 款的规定）。

6. 如果对提交的证据进行听证费用较高, 可以以当事人在规定期限内支付预期费用为条件。

7. 根据当事方在程序过程中的行为，尤其是不能履行亲自出庭的传唤，拒绝回答问题以及拒不提交所要求的证据，法官具有自由裁量权并将酌情采纳证据。

13 国际足联管理部门的提议

1. 对于没有复杂事实和法律问题的案件，或根据 DRC 和 PSC 已有的明确判例就可以解决的案件，国际足联管理部门可就案件涉及的赔偿金额和计算方式向双方做出书面提议。同时，应告知涉案各方，自收到国际足联提议后 15 日内，可书面请求相关机构作出正式裁决，如限期未能提交请求，视为接受国际足联提议且该提议对各方具有约束力。

2. 如果一方请求正式裁决，将根据本规则的规定启动程序。当国际足联的提议被拒绝或一方当事方请求正式裁决时，被申请人应在国际足联提议中规定日期内提交答辩，逾期未提交的，将适用本规则第 3 条第 9 款的规定。

3. 如果接受国际足联的提议：

a）国际足联将发送确认函；

b）根据 FIFA RSTP 的规定，确认函将被视为具有最终约束力的裁决。

14 裁决

1. 在秘密审议后球员身份委员会和争议解决庭通过"简单多数票决"的方式作出裁决。所有出席的委员以及主席均只有一票，不允许弃权。如果出现平局，由主席投决定票。裁决也可以采取通函往来的方式。

2. 裁决应以书面形式送达。

3. 国际足联秘书长有权代表并以球员身份委员会和争议解决庭的名义宣布裁决。

4. 有理由的裁决至少应具有如下内容：

a）裁决日期（以通函方式作出的裁决，要有通函过程结束的日期）；

b）当事方以及其代理人的姓名或名称；

c）参与裁决机构决策的委员姓名；

d）当事方提交的索赔请求和/或动议；

e）案情简述；

f）裁决理由；

g）证据审议结果；

h）裁决结果。

5. 裁决中明显错误的，可以由作出裁决的机构依职权或依申请予以纠正。

6. 错误的裁决宣告不应给任何一方带来不利影响。

15　无理由裁决

1. 作为一般惯例，除非另有规定，球员身份委员会、争议解决庭、独任法官以及 DRC 法官仅通知裁决结果（无裁决理由）。

2. 裁决结果通知送达后，各当事方有权自裁决结果送达之日起 10 日内请求裁决理由。未在限期内请求的，裁决结果将具有最终约束力，视为各方放弃上诉权。

3. 如一方请求裁决理由，裁决全文将以书面形式向各方传达，上诉期自有理由的裁决通知作出之日起开始计算。

4. 无论程序费用应何时支付，仅在当事方请求以及相关程序费用已支付的情况下才通知裁决理由。如果裁决结果送达后 20 日内未支付程序费用，视为撤回裁决理由的请求，裁决将具有最终约束力，视为各方放弃上诉权。

5. 所有导致纪律处罚的裁决必须附带裁决理由传达各方。在不影响上述第 1 款内容的情况下，球员身份委员会、争议解决庭、独任法官以及 DRC 法官可以自行决定是否向当事方传达有理由的裁决。

16　期限

1. 必须在本规则或者裁决机构规定的期限内履行程序行为。

2. 如果在当事方住所地或其法定代理人（如有）所在地的当地时间午夜 12 点之前履行程序行为，则视为遵守了期限规定。

3. 通过邮寄或快递方式及时将材料提交至国际足联其他部门的，视为在期限内提交。接收材料的部门将依职权移送材料至相关部门。

4. 寄件人应提供遵守期限的证明。

5. 如果本规则没有明确规定不遵守期限的后果，则由球员身份委员会或者争议解决庭裁决。本规则仅就合法程序方面提出警告。

6. 设定期限的日期不计算在期限范围内。

7. 12 月 20 日到 1 月 5 日（包括 1 月 5 日），以及国际足联常规和特别大会召开前后 5 日内，所有期限均应中止。在国际足联世界杯（决赛）期间，决策机构可依职权或当事方申请决定中止期限。

8. 如果期限的最后一日是当事方所在国的法定节假日或非工作日，以法定节假日或非工作日后的第一个工作日结束为期限届满日。

9. 法定期限不得延长。

10. 球员身份委员会和争议解决庭规定的期限不得少于 5 日且不得超过 20 日。紧急情况下，期限可能会缩短。

11. 在期限到期前提交了实质请求的，可最多延长 10 天，但只能延长一次。下列临时例外情况除外：

i. 如果由于新冠疫情原因要求延期提交实质请求的，最多可延长 15 日。

12. 上诉期限自有理由的裁决通知之日起计算。

17　预付费用

1. 球员身份委员会和独任法官审理程序（除球员临时注册相关的案件外）需支付预付费用（参见第 18 条）。下列临时例外情况除外：

i. 在 2020 年 6 月 10 日和 2020 年 12 月 31 日（含此前后日期）之间起诉的，无须支付预付费用。

2. 预付费用由申请人或反索赔申请人支付。

3. 预付费用根据下列争议金额计算：

争议金额	预付费用
争议金额最高为 50000 瑞士法郎	1000 瑞士法郎
争议金额最高为 100000 瑞士法郎	2000 瑞士法郎
争议金额最高为 150000 瑞士法郎	3000 瑞士法郎
争议金额最高为 200000 瑞士法郎	4000 瑞士法郎
争议金额在 200001 瑞士法郎以上	5000 瑞士法郎

预付费用付款至如下账户，并指明争议各方。

UBS Zurich

账号：366. 677. 01U（FIFA Players' Status）

结算号：230

IBAN：CH27 0023 0230 3666 7701U

SWIFT：UBSWCHZH80A

银行代码：UBSWCHZH80A

4. 如果一方在提交请求或反索赔请求时未支付预付费用，国际足联管理部门将给予其 10 天时间支付预付费用，并告知未能支付将导致索赔请求或反索赔不被听审。

5. 依据前款规定已支付的预付费用，将根据第 18 条关于费用的规定在作出裁决时予以考虑。

18　费用

1. 球员身份委员会和独任法官处理的（与球员临时注册相关的案件除外）案件、争议解决庭处理的与培训补偿和联合机制补偿有关的案件，收取的费用最高为 25000 瑞士法郎。费用分摊情况应考虑案件的胜诉情况，特殊情况下费用可由国际足联承担。如果一方因其行为产生了不必要的费用，不管裁决结果如何，均由其自行承担，但下列临时情况除外。

i. 在 2020 年 6 月 10 日和 2020 年 12 月 31 日（含此前后日期）之间起诉的，不收取仲裁程序费用。

ii. 2020 年 6 月 10 日之前提起的索赔请求或反索赔请求（在本临时修订作出时尚未作出裁定），仲裁程序费用最高应相当于预付费用。

2. 关于俱乐部和球员之间维持合同稳定性、国际雇佣相关争议的 DRC 程序是免费的。

3. 如果一方在收到裁决结果后不要求提供裁决理由的（根据第 15 条），则无须缴纳程序费。

4. 球员身份委员会和争议解决庭处理的案件无程序性补偿。

19　裁决通知

1. 裁决将直接送达给各当事方，同时抄送各自所属协会。

2. 通知至少以电子邮件的形式发送，通知完成之时视为裁决送达。通知到代理人的视为通知到当事方。

3. 在没有直接联系方式的情况下，发送给争议当事方（特别是俱乐部）的裁决将发送给相关协会并指令其将裁决发送给相关当事方。发送给协会 4 天后视为送达最终收件人。若协会未能遵守前述指令，可能受到《国际足联纪律准则》中规定的处罚。

20　公布裁决

国际足联管理部门可能会公布球员身份委员会或争议解决庭作出的裁决。如裁决中包含机密信息，且一方在有理由的裁决通知之日起 5 日申请的，FIFA 可以决定公布匿名版或修订版的裁决。

三　最终条款

21　执行

本规则由 FIFA 执委会于 2020 年 12 月 4 日通过，并于 2021 年 1 月 1 日起开始执行。

FIFA 执委会因新冠疫情批准的临时修订在未来定期审查并相应地删除。

苏黎世
2020 年 12 月 4 号

国家争议解决庭标准条例①

序言

世界足球金字塔的构筑基于两个基本要素：第一是在球场上展示球技的球员，第二是将球员聚集在一起的俱乐部。在此基础上，协会和联赛能够组织比赛。

在职业足球中，俱乐部和球员之间的关系是建立在雇佣合同的基础上，与其他社会各界一样，这种关系可能会产生纠纷。

2001年，为了提供一个快速、有效的争议评估和解决系统，国际足联成立了争议解决庭，这是一个基于俱乐部（雇主）和球员（雇员）平等代表权的仲裁庭，为球员和俱乐部提供一个更快、成本更低的机制来解决国际层面的雇佣纠纷。该机制不影响在其他有权机构解决劳资纠纷的宪法权利，但它确实提供了一种以足球为导向并更了解现代足球现实的纠纷解决系统。

自其2002年成立以来，争议解决庭在工作中积累了十分丰富的经验，所创建的判例有助于提高法律的确定性。

目前，只有少数会员协会拥有国家争议解决庭或具有类似结构且符合《球员身份及转会规程》（RSTP）第22条第1款b）项标准的机构。这意味着绝大多数国际雇佣争议都属于FIFA争议解决庭的管辖范围，而大多数"国内"案件可能无法找到合适的解决方案。

为了使足球俱乐部与球员之间以及雇主与雇员之间的足球社会关系现

---

① 文件来自国际足联官方网站：https：//digitalhub. fifa. com/m/406c5e5d75032e8c/original/aydypivhx68y2gq0vztg-pdf. pdf。

代化，并将责任从国际足联转移到其会员协会，国际足联比赛特别工作组，特别是政治事务工作组起草了《国家争议解决庭标准条例》，以便根据国际足联争议解决庭的原则，尤其是球员和俱乐部平等代表权原则，建立国家争议解决庭。

本条例中的原则于 2007 年 5 月 30—31 日由苏黎世国际足联大会批准。

国际足联执行委员会于 2007 年 10 月 29 日在苏黎世举行的会议上批准了本条例，并于 2008 年 1 月 1 日起实施。

一   一般规定

第 1 条   国家争议解决庭的管辖权

国家争议解决庭（NDRC）有权处理俱乐部与球员之间关于雇佣和合同稳定性的争议，以及属于同一协会的俱乐部之间关于培训补偿和联合机制补偿的争议。

第 2 条   适用法律

NDRC 在行使管辖权时，应适用会员协会的章程和规定，特别是依据《国际足联章程》和有关规则设立的会员协会章程和规定。如果会员协会尚未制定类似章程和规定，则类推适用《国际足联章程》和有关规则。NDRC 还应考虑所有协议、法律，特别是国内劳动法和/或劳资协议，以及体育特殊性。

二   官方机构

第 3 条   成员组成

1. NDRC 由下列成员组成，任期四年，可连任：

a）一名主席和一名副主席，由球员代表和俱乐部代表从协会执行委员会制定的至少五人的名单中协商一致选出；

b）根据 FIFPro（国际职业足球运动员联合会）附属球员协会的提议选出或任命 3—10 名球员代表；若没有此类协会，则根据国际足联和 FIFPro 同意的选拔程序选出或任命；

c）根据俱乐部或联赛的提议选举或任命 3—10 名俱乐部代表。

2. NDRC 的主席和副主席应当是执业律师。

3. NDRC 中同一俱乐部的成员不得超过一名。

4. NDRC 至少由包括主席或副主席在内的三名成员组成。任何情况下，仲裁庭应由相等数量的俱乐部代表和球员代表组成。

第 4 条　管辖权

1. NDRC 应依职权审查其是否具有管辖权。

2. 如果 NDRC 认为其在法律上没有管辖权，应立即将案件依职权移交其认为有管辖权的部门，并立即通知当事方。

第 5 条　地点

NDRC 的会议和审议原则上应在协会所在地举行。

第 6 条　不兼容性

NDRC 成员不得是协会执行机构成员。

第 7 条　程序语言

程序应以协会的官方语言之一进行。

第 8 条　保密义务

NDRC 成员必须对其在履行职责过程中了解到的所有事实保密。特别是，NDRC 成员不得泄露审议的内容。

第 9 条　异议

1. 对 NDRC 成员的独立性产生合理怀疑的，该成员应立即回避。在以下情况下尤其如此：

a）无论是以个人身份还是以法人代表身份，他是该争议的直接或间接利益相关方；

b）争议涉及该成员所在俱乐部，或与当事方或其代表存在家庭关系（即他是当事方或其代表的配偶或直系亲属或姻亲）、依赖关系、亲密关系或敌对关系。

2. 如成员发现有其义务回避，应立即通知 NDRC 主席。

3. 当事方有理由怀疑 NDRC 成员的公正性和/或独立性的，可以对其提出异议。当事方对成员提出异议的，应当自知悉异议理由之日起五日内向 NDRC 提出书面声明，否则丧失该权利。申请应准确说明其理由并举出相关证据。

第 10 条　关于异议的裁决

1. 如果 NDRC 成员对异议不服，NDRC 应在其缺席的情况下做出裁决。

2. 如果异议在程序中得到支持，遭受质疑的成员参加的程序的任何阶段均视为无效。

3. 根据本条例第 34 条的规定，在就案件实质作出裁决时，可对关于异议的裁决提出上诉。

三　当事方

第 11 条　当事方的性质

当事方是指隶属于某一会员协会的俱乐部和球员。

第 12 条　基本程序权利

应当保障当事方的基本程序权利，特别是平等对待权和陈述意见权（尤其是说明其行为、查阅案卷、证据被采纳、参与取证和取得经证实的裁决的权利）。

第 13 条　代理

当事方可以指定其选择的职业代理人。裁决机构可以要求代理人提交书面授权委托书证明其代理资格。

四 文件和期限

第 14 条 程序形式

程序应以书面形式进行，但不接受电子邮件。

第 15 条 文件送达

应按当事方提供的地址送达文件，也可以将文件送达当事方代理人的地址，同时应以能够获得签收证明的方式送达文件。

第 16 条 遵守期限

1. 当事方应当在相关法规或者 NDRC 规定的期限内提交材料。如果在截止日期的午夜之前提交并获得会员协会秘书处接收确认或加盖邮戳，则应视为已遵守期限。

2. 寄送人应提供已遵守期限的证明。

3. NDRC 规定的期限原则上不得少于 10 天，最长不得超过 20 天。在紧急情况下，期限可减至 24 小时。

4. 本条例如未规定逾期后果的，应由 NDRC 确定。

第 17 条 期限的计算

1. 强制性期限自当事方收到相关通知之日起计算，收件人住所地的非工作日和法定节假日应包含在内。

2. 期限截止到最后一天的午夜。如果期限的最后一天为收件人住所地非工作日或法定节假日，以非工作日或法定休假日后的第一个工作日为期限届满日。

第 18 条 期限的延长和重置

1. 条例中规定的强制性期限不得延长。

2. 条例规定由 NDRC 决定的期限，如果在期限届满前提出有根据的请求，可以正当理由延长期限。最多只能提出一次延期请求。

3. 当事方或者代理人因无法控制的原因不能遵守期限的，在妨碍发生之日起三日内 NDRC 如收到其有根据的请求，可以重新设定期限。

第 19 条　声明

1. 各方应以协会的官方语言起草声明，并注明：

a）申请人或其代理人的姓、名、职位和地址；

b）对事实的简要说明；

c）结论；

d）法律依据；

e）其可能持有的任何证据（与争议有关的原始文件、在不同方面涉及争议的其他自然人或法人的姓名或名称、地址等）及对证据的提议；

f）争议金额，特别是当争议涉及财产时。

2. 声明应注明日期、签名并一式两份提交。

3. NDRC 随后应向申请人确认其已收到该声明，该声明首先应登记在由 NDRC 主席签署的登记册上。

4. 任何不完整的、以非官方语言起草的、未签名或由未经授权代理人签名的声明应退还给寄送人。NDRC 应设定一个较短的文件提交期限，逾期不予受理。

5. 如果没有理由认为该索赔请求不可受理，应转交另一方当事人或利害关系方，要求期限内表明立场或答辩。如在上述期限内未表明立场或答辩，应根据现有文件做出裁决。仅在某些案件中可以由 NDRC 决定是否可进行第二次通信往来。

五　取证和诉求

第 20 条　接受询问和审判的听证、听证记录

1. 除可直接裁决的争议外，NDRC 可以传唤当事方参加听证以接受询问和审判。

2. 一旦安排听证，主席应指定一名听证记录人，该听证记录应由主席、当事方、证人和专家（如有）共同签署。可以要求与裁决机构成员负相同义务（特别是保密义务）的外部秘书作听证记录。

第21条　证据

1. NDRC 可能会对证据进行审查，审查方式如下：

a）询问当事方；

b）听取证人证言；

c）评估专家报告；

d）审查证据；

e）其他相关方法。

2. NDRC 将对相关证据进行评估并依据自由裁量权裁决。

3. 提出主张的一方负有举证责任。

4. 如有必要，NDRC 也可以考虑当事方未提交的证据。

5. 取证产生的费用或者鉴定报告费用，应由申请人承担。

6. NDRC 可以依职权或应一方的请求，拒绝采纳与所主张的事实无关或不必要地拖延程序的证据。

第22条　当事方的配合义务

1. 当事方有义务积极配合以查明事实。

2. 若当事方不予配合，NDRC 主席在给予警告后，可以对其处以不超过（由协会确定）的罚款。

3. 若当事方不配合，由 NDRC 根据相关文件做出裁决。

第23条　接受传唤的义务

1. 所有受协会章程和规定约束的人员，无论以何种理由，都有义务接受 NDRC 的传唤。

2. 只有下列人员可以拒绝传唤：

a）当事方的配偶及其直系亲属或姻亲；

b）任何与本案有职业或官方机密关系的人员。

第24条　听证

1. NDRC 应首先核实证人身份，还应警告证人作伪证的后果。

2. NDRC 应自行组织听取证人证言。一旦 NDRC 决定受理该索赔请求，应当给予当事方邀请证人对证据予以澄清或完善的机会。

3. 听证会后，证人应当宣读证词并签字。

第 25 条　专家报告

1. 在核实、评估某些事实需要专业知识时，NDRC 可以委托专家。专家应当在 NDRC 规定的期限内提出书面报告，也可以在听证会上作证。

2. NDRC 依职权或应任何一方的要求，可以：

a）要求专家提供更多信息；

b）如果第一份报告不完整、含糊不清或自相矛盾，则委托另一位专家提出新意见。

3. 提出异议的规定同样适用于专家。

第 26 条　提供证据

1. 对于任何一方或受协会章程和规定约束的第三方，NDRC 可以强制要求其提供掌握的与争议有关的任何证据。

2. 除利益关系重大而需要保密的证据之外，当事方有权查阅证据。一方无权查阅证据的，只有在 NDRC 告知证据基本内容并允许提出质疑的情况下，才可以就该证据对另一方提出抗辩。

第 27 条　调查结束

取证后，NDRC 应当宣布调查结束。调查结束后，当事方不得再提交新的事实或证据。

第 28 条　抗辩

参加口头程序的一方可以抗辩，然后听证会主席应宣布审理程序结束。

六　裁决

第 29 条　审议

NDRC 应以"简单多数票决"的方式进行不公开裁决。会议主席和出席会议的其他成员各有一票。所有出席人员均有义务投票。如果票数相等，则主席拥有决定票。裁决也可以采取通函往来的方式。

第 30 条 裁决的形式和内容

NDRC 应当做出书面裁决，并标明下列事项：

a）裁决做出的日期；

b）仲裁庭成员的姓名；

c）当事方以及其代理人的姓名或名称；

d）当事方的结论；

e）事实和法律的调查结果；

f）提议的裁决，包括任何费用的分配；

g）NDRC 主席的签名；

h）可采取的法律补救措施的说明（上诉形式、管辖机构和期限）。

第 31 条 裁决通知

1. NDRC 做出裁决后，应书面通知协会秘书处，协会秘书处应立即书面通知当事方或其代理人。

2. 在紧急情况下，NDRC 可以仅将裁决结果通知当事方，并在随后的 20 日内告知裁决理由。

3. 邮寄或传真送达之日视为当事方已收到裁决。当事方代理人收到裁决通知也应视为有效。

第 32 条 程序费用

NDRC 不收取程序费用。除第 21 条第 5 款规定的情况外，不应产生任何程序费用。

第 33 条 公布

在不公开有关当事方身份的情况下，协会可以以 NDRC 确定的形式公布任何具有普遍利益的裁决。

第 34 条 上诉

1. 作为最后的手段，可以根据国际足联指令向会员协会认可的国家仲裁机构对 NDRC 的裁决提出上诉，或者如果未设立国家仲裁机构在且在过渡期内，可以在 FIFPro 同意的情况下，在国际足联认可的任何仲裁机构提出上诉。

2. 上诉的 21 天期限应自收到有理由的裁决之日起计算。

第 35 条　免责声明

除严重不当行为外，NDRC 及其秘书处成员对其在程序中的作为和不作为均不承担责任。

第 36 条　通过和执行

1. 本条例已由（协会法定主管机构）通过。

2. 本条例自＿＿年＿月＿日起生效（由协会填写），适用于生效日后提起的任何程序。

足球仲裁庭程序规则①

2023 年 3 月版

一　总则

1　适用范围

1 本规则主要规定了足球仲裁庭（FT）的机构、组成和职能。

2. 足球仲裁庭由三个分庭组成：

a）争议解决庭（DRC）；

b）球员身份裁决庭（PSC）；

c）代理人裁决庭（AC）。

2　管辖权

1. 各分庭的管辖权问题具体参见国际足联规定。

2. 不确定由哪一个仲裁分庭管辖某一案件时，由足球仲裁庭主席做出决定。

3　适用法律

在法律适用和裁决方面，仲裁庭适用《国际足联章程》和其他规定，同时考虑当事方国家层面所有相关的协定、法律和/或劳资协议，以及体育特殊性。

---

①　文件来自国际足联官方网站：https：//digitalhub.fifa.com/m/4cb35a2eb32629d4/original/Procedural-Rules-Governing-the-Football-Tribunal-March-2023-edition.pdf。

4 成员组成

1. 足球仲裁庭主席应具备法定资格，由国际足联理事会任命，每届任期四年。

2. 每个仲裁分庭的主席、副主席和委员应由国际足联理事会任命，每届任期四年，且应当具备法定资格，其中委员应具有法律专业背景及足球相关经验。

3. 争议解决庭由以下人员构成：

a）一名主席和两名副主席，需由国际足联提名，并经下文 b）和 c）中提及的各方协商一致同意；

b）球员所属会员协会提议任命的 15 名球员代表；

c）会员协会、俱乐部及联赛任命的 15 名俱乐部代表。

4. 球员身份裁决庭由以下人员构成：

a）一名主席和一名副主席；

b）会员协会、联合会、球员、俱乐部和联赛提名并由国际足联理事会任命的一定数量的委员。

5. 代理人裁决庭由以下人员构成：

a）一名主席和一名副主席；

b）会员协会、联合会、球员、俱乐部、联赛和足球经纪人提名并由国际足联理事会任命的一定数量的委员。

6. 如果出现职位空缺，国际足联理事会可以指派特定人员履行剩余任期内的职责。足球仲裁庭主席如出现职位空缺，可以由争议解决庭主席或者球员身份裁决庭主席代为履行职责。

5 独立性和利益冲突

1. 足球仲裁庭委员应遵守《国际足联章程》、国际足联规定和法律。

2. 足球仲裁庭委员的公正性受到合理怀疑时，不得参与相关事项的裁决，而且应当对可能导致利益冲突的任何情况进行披露。被任命的仲裁员的国籍不构成对其公正性的合理怀疑。

3. 如果一方对足球仲裁庭任命的某位委员的公正性存在合理怀疑，则有权对该委员提出质疑，由足球仲裁庭主席对此做出裁决。

6　保密

被任命的足球仲裁庭工作人员应对裁决的任何案件严格保密。

7　责任免除

根据适用的国际足联规定或本规则，被任命的足球仲裁庭工作人员或国际足联行政官员，均无须对与裁决或程序相关的作为或不作为负责。

8　国际足联总秘书处的作用

1. 国际足联总秘书处将为足球仲裁庭提供行政组织方面的支持。
2. 国际足联总秘书处有权根据本规则作出决定。

二　一般程序规则

9　当事方

1. 根据国际足联相关规定，只有下列自然人或法人可作为当事方参加仲裁庭的审理：
    a）会员协会；
    b）隶属于会员协会的俱乐部；
    c）球员；
    d）教练；
    e）仅适用于《国际足联足球经纪人条例》的单一实体联盟；
    f）国际足联许可的足球经纪人；
    g）国际足联许可的赛事经纪人。
2. 当事方可指定一名代理人，该代理人需持有书面授权委托书，授权代理人代表当事方处理相关事宜。
3. 当事方应对代理人的行为负责，且代理人有义务在任何程序中告知实情并做到诚实行事。
4. 国际足联总秘书处可在程序的任何阶段，要求任何自然人或法人作为程序的当事方介入。

10　通信

1. 通信可以通过 FIFA 运营的法律门户网站（Legal Portal）或转会匹配系统（TMS）进行。

2. 在某一程序中使用的通信方式见具体的程序规则。国际足联以任何上述方式与某一方进行通信均被视为有效的通信方式，并足以确定期限及其遵守情况。

3. 各方必须至少每天一次查看 TMS 和法律门户网站（Legal Portal），以了解国际足联的任何信息。当事各方应对因未能查看而造成的任何程序上的不利影响负责。各方的联系方式以 TMS 中显示的联系方式为准。

4. 会员协会代表所属俱乐部在 TMS 中提交的任何通信应：

a）不受俱乐部履行任何条件的约束；

b）由会员协会立即处理，无论会员协会是否同意该通信内容。

11　期限

1. 对于收到通知信息的当事方，期限自收到相关通知之日起计算。

2. 若一方通过其所属会员协会接收信息的，期限将自其所属或注册的会员协会收到信息之日起 4 天后起算，或自会员协会通知该当事方之日起计算，以时间较早者为准。

3. 如果期限届满的最后一日是法定节假日或非工作日，以法定节假日或非工作日后的第一个工作日结束为期限届满日。

4. 如果当事方在期限届满前最后一日在其住所地（或者有代理人的，在其主要代理人住所地）履行完毕受要求或请求的事项，视为已遵守期限规定。逾期提交的材料和证据，不予受理。

5. 期限从 12 月 20 日起中止至次年 1 月 5 日（含）。

6. 本规则规定的监管期限不予延长。但是，在相关期限内若提出有根据的请求，国际足联总秘书处规定的期限可予以延长。

12　程序权利和义务

1. 当事方可在裁决作出前提交辩护意见，提出证据，查阅卷宗。

2. 当事方应始终做到诚实行事，告知实情，并配合足球仲裁庭或国际足联总秘书处要求提交相关信息。

3. 上述义务同样适用于国际足联管辖范围内应足球仲裁庭某一分庭或国际足联总秘书处的要求参与程序的任何自然人或法人（非程序当事方）。

13 提交文件和证据

1. 向国际足联提交的任何文件均应使用英语、西班牙语或者法语版本，否则将不予受理。

2. 在仲裁程序中，一方收到另一方提交的文件时，应对文件内容严格保密，除非是向专业顾问披露或根据法律要求必须披露。

3. 任何类型的证据均可提出，对证据的重要性由仲裁分庭享有最终裁决权。证据应提交原件，并提供英语、西班牙语或者法语的翻译版本。

4. 仲裁分庭也可以考虑各方未提交的证据，包括但不限于 TMS 和/或 FIFA 平台中包含或产生的任何证据。

5. 提出主张的一方承担举证责任。

14 会议和审议

1. 仲裁分庭根据书面文件做出裁决。在特殊情况下，主席可以决定对案件进行口头听证并决定口头听证程序。

2. 审议可以通过电子方式进行，也可以亲自进行，均应保密。

3. 裁决于指定仲裁分庭成员投票过半数时通过。如果票数相等，则仲裁分庭主席具有最终决定权。

15 裁决的通知

1. 根据本规则直接将裁决通知一方。如当事方为俱乐部时，应将裁决副本发送给俱乐部所属会员协会及联合会。

2. 当裁决传达给一方时，通知视为已完成。对代理人所作通知视为对被代理方的通知。

3. 通知一经发出，裁决立即生效。

4. 一般而言，只通知当事方裁决结果，但如果裁决为立刻实施体育制裁的，则通知中必须附上裁决理由。

5. 当案件不要求程序费用时，当事方自裁决结果通知之日起 10 天内可请求裁决理由。逾期不作要求的，该裁决将具有最终约束力，并视为当事方放弃上诉权。上诉期限自裁决理由通知之日起计算。

6. 当案件要求程序费用时，裁决理由仅通知提出请求的当事方，前提是该当事方自裁决生效部分通知之日起 10 天内请求裁决理由且已支付相应的程序费用。

7. 不遵守本条第 6 款规定的期限，将视为撤回对裁决理由的请求，该裁决将具有最终约束力，并视为当事方放弃上诉权。

8. 裁决作出后发现的明显内容错误和程序错误，可以由作出裁决的仲裁分庭依职权或依申请予以纠正。裁决纠正后，法定期限自修改后的裁决通知之日起计算。

16　语言

1. 所有程序仅使用英语、西班牙语或者法语。

2. 当提交的文件或证据使用一种语言时，仲裁分庭的裁决也将使用该种语言。

3. 当提交的文件或证据使用多种语言时，仲裁庭的程序和裁决均将使用英语。

17　公布

1. 国际足联总秘书处可以在 legal. fifa. com 网站上公布足球仲裁庭的裁决或者国际体育仲裁院对上诉所做的裁决。

2. 当裁决涉密时，当事方可于裁决理由通知之日起 5 天内，要求国际足联公布匿名版或修订版的裁决。

3. 当裁决内容涉及未成年球员时，国际足联只能公布匿名版或保护未成年球员身份的修订版裁决。

三　争议解决庭、球员身份裁决庭或者代理人裁决庭争议解决规则

18　索赔请求

1. 一方提起对另一方的索赔必须通过 Legal Portal 提交如下材料：

a）申请人的姓名或名称、电子邮件地址和邮寄地址；

b)（如适用）申请人任何代理人的姓名、电子邮件地址和邮寄地址，以及一份最新签发的翔实的授权委托书复印件；

c）被申请人的身份和送达地址；

d）一份索赔声明，列出事实和法律的完整书面论证、全部证据和救济请求；

e）登记有申请人银行账户信息的银行账户登记表签名复印件；

f）日期以及有效签名；

g）（如适用）预付费用的付款凭证。

2. 国际足联总秘书处将评估索赔请求资料是否完整。如果资料不完整，将通知申请人加以修改。逾期未修改的，视为撤回索赔请求，再次申请时须重新提交相关资料。

19 初始程序事项

1. 国际足联总秘书处在评估索赔请求是否完整后，将随后审查：

a）相关仲裁分庭是否明显缺乏管辖权；

b）索赔请求是否明显已过时效。

2. 上述审查结束后，国际足联总秘书处可能将案件直接移交给足球仲裁庭相关仲裁分庭主席尽快裁决。

3. 如果仲裁分庭主席认为索赔请求通过初始程序事项的审查，则会请求国际足联总秘书处继续进行相应程序。

20 国际足联总秘书处的提议

1. 在确定索赔请求资料的完整性后，如果争议案件表面上没有复杂的事实或法律问题，或存在明确的既定判例，国际足联总秘书处可以提议的形式来终结该案，而无须仲裁分庭作出裁决。该提议不影响仲裁分庭未来作出的任何裁决。

2. 当事方应在国际足联总秘书处规定的期限内作出接受或拒绝该提议的表示。

3. 当事方对提议不予答复的，视为接受。

4. 如果提议被接受，国际足联总秘书处将出具确认函。根据国际足联相关规定，该确认函将被视为具有最终约束力的裁决。

5. 提议被拒绝的，被申请人必须在提议规定的期限内提交答辩。

21 针对索赔请求和反索赔请求的答辩

1. 在确定索赔请求资料的完整性后，如果在初步程序事项审查结束后程序继续进行的，国际足联总秘书处将要求被申请人在规定期限内通过 Legal Portal 提交对索赔请求的答辩。逾期未提交的，仲裁分庭将根据相关文件作出裁决。

2. 被申请人可以针对索赔请求在答辩中提出反索赔请求，格式与索赔请求相同，并应当在提交答辩的期限内一并提交。

3. 如果当事方是本案的被申请人，其提交的另一新索赔请求与本案有关，新索赔请求应作为本案的反索赔请求处理。在当事方已接到本案通知后，新索赔请求必须在本案提交答辩期限内一并提交，才能被纳入考虑范围。

4. 当被申请人提交有效的反索赔请求后，反索赔请求的被申请人（即最初案件的申请人）应在国际足联总秘书处规定的期限内仅针对反索赔请求作出答辩。

5. 对反索赔请求答辩所涉事项与反索赔请求内容无关的，不予考虑。

6. 逾期提交的反索赔请求答辩将不予受理。

22 第二轮文件提交

国际足联总秘书处将在必要时决定是否进行第二轮的文件提交。此类文件必须通过 Legal Portal 提交。

23 提交文件阶段结束

1. 国际足联总秘书处将通知各方提交文件程序阶段的结束时间。通知作出后，当事方不得补充或修改其提交的文件，不得提出救济请求或者提出新证据。

2. 国际足联总秘书处和/或各仲裁分庭可在程序进行中随时要求当事方提供附加信息和/或文件。

24 裁决

1. 在争议解决庭的程序中，当请求的救济金额：

a）低于 20 万美元（或等值的其他货币）的，通常由独任仲裁员裁决；

b）等于或高于 20 万美元（或等值的其他货币）或案件法律关系复杂，需要至少三名仲裁员裁决。具体事项由主席或者副主席主持。

2. 在球员身份裁决庭或代理人裁决庭的程序中，通常可由一名独任仲裁员作出裁决。对于法律关系复杂的案件，至少需要由三名仲裁员裁决。具体事项由主席或者副主席主持。

25 费用

1. 当事方至少有一方是球员、教练、足球经纪人或赛事经纪人的，免收程序费用。

2. 所有其他类型的争议均收取程序费用，该费用由相关仲裁分庭审结案件后下令支付。具体费用见本规则附件 1。

3. 除与监管申请有关的法律程序外，球员身份裁决庭的法律程序须预先缴付费用。

4. 申请人或反索赔申请人在提出索赔请求或反索赔请求时须预付费用，具体费用见本规则附件 1。

5. 仲裁分庭将考虑各方在本案的胜诉情况和审理程序中的行为，以及预先缴付费用的情况，决定各方应支付的金额。在特殊情况下，仲裁分庭可要求国际足联承担所有程序费用。

6. 被要求支付程序费用的一方，只有在下列情况下才需付款：

a）收到裁决结果后，请求裁决理由的；

b）该裁决通知时已附有裁决理由。

7. 程序费用应在有关裁决通知之日起 10 日内支付至裁决中规定的银行账户。相关付款凭证应在前述 10 日期限内提交国际足联总秘书处。

8. 不裁决任何法律费用。双方应自行承担与程序有关的一切费用。

26 调解

1. 足球仲裁庭主席认为适当的，可以邀请各方进行调解。

2. 调解出于当事方自愿，不收取费用。调解应按照《国际体育仲裁院调解规则》和国际足联为调解制定的任何规则的一般原则进行，并在国际足联总秘书处批准的调解员名单内选择调解员进行调解。

3. 如果调解成功，双方将签署调解协议，并由相关仲裁庭的调解员

和主席批准。该调解协议应视为足球仲裁庭根据国际足联相关规定做出的
具有最终约束力的裁决。

四　争议解决庭审理联合机制补偿和培训补偿案件与电子球员参赛证相关案件的具体规则

27　青训补偿索赔请求

1. 根据国际足联相关规定，当事方应在 TMS 中提交一份培训补偿或
联合机制补偿索赔请求及其附加文件。提出索赔需要提供的材料包括
（视索赔的性质而定）：

a）申请人的姓名或名称和地址；

b）（如适用）授权代理人的姓名和地址，还应提供一份最新签发的
翔实的授权委托书复印件；

c）一份索赔声明，列出事实和法律的完整书面论证、全部证据和救
济请求；

d）一份登记有申请人银行账户信息的银行账户登记表签名复印件；

e）（如适用）一份由申请人所属会员协会出具的球员在申请人注
册期间的赛季起止日期的确认函；

f）球员完整的职业史，包括球员自 12 周岁生日赛季起至其在被申请
人俱乐部注册之日止注册过的所有俱乐部（注册期可中断），球员在所有
俱乐部的身份（业余或职业），以及该注册是永久注册还是临时注册；

g）（如适用）注册和培训过某一职业球员的某一家俱乐部放弃参加
有组织的足球赛事和/或因为破产、清算、解散或不再隶属于会员协会而
不复存在的相关证据；

仅适用于培训补偿

h）（如适用）申请人所属会员协会对申请人培训等级的确认；

i）（如适用）被申请人的培训等级；

j）（如适用）作为职业球员首次注册的确切日期；

k）（如适用）索赔所依据的确切转会日期；

l）（如适用）职业球员雇佣合同要约的证据；

仅适用于联合机制补偿

m）索赔所依据的确切转会日期；

n）涉及转会的俱乐部信息；

o）联合机制补偿的索赔比例；

p）已知球员转会到新俱乐部的转会费的声明，或者目前不清楚该转会费的声明。

28　与青训补偿索赔请求有关的程序

与第 27 条所详述程序有关的所有索赔请求都必须通过 TMS 提交与管理。除第 18 条第 1 款外，第三章关于争议的具体程序规则同样适用于第 27 条规定的程序。

28 之一　涉及复杂法律或者事实问题的电子球员参赛证案件

1. 如果国际足联总秘书处在审查电子球员参赛证（EPP）过程中发现案件涉及复杂法律或事实问题，应将信息完整的 EPP 提交给 DRC 作出正式裁决。

2. 为此，国际足联总秘书处应在 EPP 审查过程中从相关各方收集信息和文件。有关方是指参与 EPP 审查的俱乐部和会员协会。

3. 在国际足联总秘书处将 EPP 提交 DRC 后，DRC 应基于 EPP 的所有相关球员注册信息和文件对青训补偿的分配作出裁决。

4. 国际足联总秘书处将通知各方其已向 DRC 提交 EPP。通知作出后，当事人不得补充、修改 EPP 审查过程中提供的任何信息和文件，也不得提交新证据。

5. 对于涉及有球员 EPP 的案件，国际足联总秘书处和相关方的所有通信往来均通过 TMS 进行。

6. 一般而言，此类案件由独任仲裁员裁决。

7. 本程序免收程序费用。

8. 根据《国际足联清算所条例》第 10 条，DRC 的裁决将通过 TMS 及时通知各方。应同时适用本规则第 15 条第 2 款、第 3 款和第 8 款。

五 向球员身份裁决庭提交监管申请

29 监管申请

1. 根据国际足联相关规定，球员身份裁决庭应裁决：

a）未成年球员的国际转会或首次注册申请；

b）未成年球员 LME 申请；

c）国际足联批准球员注册的申请；

d）资格申请或变更协会申请；

e）球员从代表队中迟延归队申请。

2. 任何相关申请均须通过电子邮件或 TMS 提交，包含完整的事实和法律论证。在处理这些申请时，国际足联总秘书处应当适用正当程序原则。未成年球员国际转会或首次注册申请（第 30 条）的具体要求，由本规则规定。

a）所有根据第 29 条第 1 款 a）、b）和 c）项提出的申请（除五人制足球球员的注册外）必须通过 TMS 提交和管理。

b）所有根据第 29 条第 1 款 d）和 e）项提出的申请必须通过 Legal Portal 提交和管理。

c）关于五人制足球运动员相关申请以及 FIFA 1635 号通函中涉及的申请可通过电子邮件提交和管理。

3. 收到申请后，国际足联总秘书处将评估申请资料是否完整。

a）如果申请资料不完整，国际足联总秘书处将通知申请人加以修改。

b）在规定期限内未修改的，视为撤回申请，再次申请时须重新提交申请资料。

c）完成申请后，或应申请人的明确请求，该申请将移交 PSC 裁决。

4. 通常由一名独任仲裁员作出裁决。对于法律关系复杂的案件，至少需要由三名仲裁员裁决。

30 未成年球员国际转会或首次注册

1. 根据国际足联相关规定，希望注册球员的会员协会，应其附属俱乐部要求，可通过 TMS 申请：

a）未成年球员国际转会；或者

b）未成年外籍球员的首次注册；或者

c）在有意注册的国家已连续居住五年以上的未成年外籍球员的首次注册。

2. 以下情况无须提交申请：

a）未成年球员是其希望注册的会员协会所在国的国民，且从未在其他会员协会注册过；

b）未成年球员未满 10 周岁；

c）会员协会已被授予 LME，且未成年球员的国际转会在 LME 范围内。

3. 申请必须包含 TMS 所要求的文件（视申请类型而定），见《未成年球员申请提交指南》。

4. 对于国际转会，注册该未成年球员的原会员协会将：

a）有权限访问 TMS 内所有非机密文件；

b）在国际足联总秘书处规定的期限内提交有关文件。

5. 由于人道原因而进行的国际转会，将不通知该球员注册的原会员协会。

六　最终条款

31　过渡性规定

1. 在本规则生效前已开始的程序适用本规则。

2. 本规则是否适用于生效前已开始的程序，由国际足联总秘书处最终决定。

32　未尽事宜和不可抗力

1. 本规则未尽事宜由国际足联总秘书处决定。

2. 影响本规则的不可抗力情况应由足球仲裁庭主席作出最终裁定。

33　权威文本

各翻译版对于本规则的解释如有歧义，以英文版为准。

34　通过和生效

1. 本规则于 2022 年 10 月 22 日由国际足联理事会批准，并于 2022 年 11 月 16 日生效。

2. 有关代理人仲裁庭的规定在国际足联理事会批准《国际足联足球经纪人条例》后生效。

2022 年 10 月 22 日

国际足联理事会

主席：　　　　　　　　　　　　　　秘书长：

詹尼·因凡蒂诺　　　　　　　　　　法特玛·萨穆拉

附件 1

1. 预付费用如下:

争议金额（美元）	预付费用
0—49999.99 美元	1000 美元
50000—99999.99 美元	2000 美元
100000—149999.99 美元	3000 美元
150000—199999.99 美元	4000 美元
200000 美元以上	5000 美元

2. 程序费用如下:

争议金额（美元）	程序费用
0—49999.99 美元	5000 美元
50000—99999.99 美元	10000 美元
100000—149999.99 美元	15000 美元
150000—199999.99 美元	20000 美元
200000 美元以上	25000 美元

3. 预付费用或程序费用应支付至如下账户，并应明确提及争议当事方：

UBS Zurich

账号：230-366677.61N（FIFA Players' Status）

结算号：230

IBAN：CH12 0023 0230 3666 7761 N

SWIFT：UBSWCHZH80A

国际足联清算所条例①

2022 年 10 月版

定义

就本条例的目的而言，应适用《国际足联章程》和《国际足联球员身份及转会规程》中规定的术语以及以下定义：

分配报表：国际足联总秘书处向国际足联清算所发送的文件，为其提供处理付款所需的信息，特别是付款方和收款方以及待分配金额。

合规性评估：国际足联清算所在处理付款前需要执行的程序，以满足金融监管要求。

争议解决庭：《足球仲裁庭程序规则》中定义的足球仲裁庭争议解决分庭。

分发报表：由国际足联清算所生成的文件，其中包含有关培训俱乐部有权获得的青训补偿的付款信息。

电子球员参赛证（EPP）：一份包含球员在其职业生涯中综合注册信息的电子文件，包括相关的会员协会、球员身份（业余或职业）、注册类型（永久转会或租借转会）以及自其 12 周岁生日以来注册过的所有俱乐部（包括其培训等级分类）。

首次合规性评估：国际足联清算所对特定交易进行合规性评估的第一步。

国际足联清算所：在处理足球转会系统中支付的某些款项方面充当中介的实体。

FCH 条款与条件：一方参与国际足联清算所交易的条款与条件。

---

① 文件来自国际足联官方网站：https://digitalhub.fifa.com/m/7c9e9c5185db9eb6/original/FIFA-Clearing-House-Regulations-October-2022-edition.pdf。

未合规方：未通过首次合规性评估和/或第二次合规性评估的国际足联清算所委托方。

付款通知：国际足联清算所发布的文件，详细说明应支付给国际足联清算所的金额。

《程序规则》：《足球仲裁庭程序规则》。

条例：《国际足联清算所条例》。

RSTP：《国际足联球员身份及转会规程》。

第二次合规性评估：如果委托方未通过首次合规性评估，国际足联清算所对该特定交易再次启动合规性评估。

注：提及自然人的术语适用于两性。除非另有说明，否则单数形式的任何术语均适用于复数形式，反之亦然。

一　引言条款

1　目的

1. 国际足联有法定义务监管与足球转会系统相关的所有事宜。国际足联清算所应根据《国际足联章程》和 RSTP 捍卫足球转会系统的核心目标，特别是：

　　a）维护职业球员和俱乐部之间的合同稳定性；

　　b）鼓励培养年轻球员；

　　c）促进精英足球和草根足球之间的团结精神；

　　d）保护未成年球员；

　　e）保持竞争平衡；以及

　　f）确保体育竞赛的规律性。

2. 国际足联清算所的具体目标是：

　　a）处理俱乐部之间有关足球运动员转会的付款；

　　b）维护足球转会系统的廉洁性；

　　c）加强和促进足球转会系统的财务透明度；以及

　　d）防止足球转会系统中的欺诈行为。

3. 为了实现这些目标，在足球转会系统中根据 RSTP 应付青训补偿时，国际足联清算所充当支付的中介机构，并在执行过程中进行所有要求的合规性评估。

2 范围

1. 本条例规定了通过国际足联清算所处理的付款流程。

2. 本条例仅适用于与十一人制足球比赛有关的所有此类付款。

3. 本条例适用于受《国际足联章程》约束的所有各方。

3 国际足联清算所

1. 国际足联清算所是一个独立于国际足联的实体，其设立目的是作为支付足球转会系统相关款项的中介机构。国际足联清算所是一家获得相关监管机构许可的支付服务提供商。其治理结构详见机构章程条款。

2. 国际足联清算所不得从其接收的资产和/或进行的交易中获利。

3. 国际足联清算所与通过其进行交易的各方之间的法律关系仅受 FCH 条款与条件以及本条例的管辖。

4.《国际足联数据保护条例》适用于本条例中规定的所有事项，包括与国际足联清算所的所有往来数据。

二 青训补偿的计算和支付程序

4 球员的注册和转会

1. 会员协会和俱乐部应确保始终向国际足联提供可靠、准确和完整的球员注册和转会的电子信息。

2. 会员协会和俱乐部应使用球员电子注册系统、国内电子转会系统、TMS、FIFA 链接 ID 服务和 FIFA 链接界面向国际足联提供注册和转会信息。

3. 各会员协会应：

a）使用集成了 FIFA 链接 ID 服务和 FIFA 链接界面的球员电子注册系统来注册球员；和

b）使用集成了 FIFA 链接界面的国内电子转会系统处理国内转会。

4. 各会员协会应始终在其球员电子注册系统和 FIFA 链接 ID 服务中保存准确、最新的球员注册数据，包括但不限于以下信息：

a）球员身份（RSTP 第 2 条）；

b）球员注册参加的足球赛事类型（十一人制足球、五人制足球和/或沙滩足球）；以及

c）球员注册俱乐部的培训等级类别。

5. 各会员协会应始终在其球员电子注册系统和 FIFA 链接 ID 服务中保存有关其（无论是现在的还是以前的）附属俱乐部的准确、最新数据，包括但不限于以下信息：

a）地址和联系方式；

b）俱乐部培训等级分类的当前和历史数据；以及

c）会员协会附属关系的当前和历史数据。

6. 应由会员协会根据 RSTP 中规定的标准对俱乐部进行培训等级分类。除此之外，对其他培训等级分类办法不予承认。

7. 根据本条例第 17 条的规定，青训补偿的自动计算和支付仅限于俱乐部所属会员协会注册的球员，且该球员经本条所述的电子系统识别具有 FIFA ID。

8. 会员协会对最终生成的 EPP 中包含的注册信息负责。

5　青训补偿的触发事由：首次注册为职业球员

在球员最近注册为业余球员的同一会员协会首次注册为职业球员

1. 球员在最近一次注册为业余球员的同一会员协会首次注册为职业球员时，在球员将要注册的俱乐部提出请求后，应由会员协会在球员电子注册系统中输入或确认球员的注册信息。

如果首次注册为职业球员的所在俱乐部与该球员最近注册为业余球员所在俱乐部相同，会员协会应更新球员身份。

a）如果在属于同一会员协会的俱乐部之间进行转会后首次注册为职业球员，相关俱乐部和/或会员协会应在国内电子转会系统中输入国内转会，并更新球员在新俱乐部的身份。

b）此类程序适用各会员协会发布的具体规则。

2. 当球员在国内首次注册为职业球员后 30 天内，应通过球员电子注册系统内的 FIFA 链接界面向国际足联提交本次注册的详细信息。

3. TMS 将根据会员协会提交的信息确定球员首次注册为职业球员，这可能会触发 RSTP 规定的青训奖励的权利。

在球员最近注册为业余球员的同一会员协会首次注册为职业球员—手动申报

4. 如果会员协会的球员电子注册系统未完全集成，并且无法通过 FIFA 链接界面向国际足联提交球员首次注册为职业球员的详细信息，则会员协会应在国内注册后 30 天内，在 TMS 中单独予以申报，但须符合以下条件：

a）会员协会在 TMS 中手动申报前，应事先获得国际足联总秘书处的书面批准。

b）国际足联总秘书处可自行决定在规定的期限内给予书面批准，并可根据具体情况决定是否设置附加条件。

c）在这一期限结束时，会员协会应履行第 4 条第 2 款规定的义务，即通过相关电子系统向国际足联提交注册信息。

5. 在 TMS 中进行手动申报时，会员协会应提供强制性数据。

6. 会员协会在手动申报时，应上传球员的雇佣合同，以证明输入 TMS 的信息。

7. 国际足联可随时要求会员协会提供更多文件或信息。

8. TMS 将根据会员协会申报的信息确定球员首次注册为职业球员，这可能会触发根据 RSTP 获得青训补偿的权利。

在球员最近注册为业余球员的不同会员协会首次注册为职业球员

9. 根据 RSTP 及其附件 3 的要求，球员首次在与最近注册为业余球员的不同会员协会注册为职业球员，应作为国际转会输入 TMS。

10. TMS 将根据国际转会指令中提供的信息，确定球员首次注册为职业球员，这可能会触发根据 RSTP 获得青训补偿的权利。

6 青训补偿的触发事由：国际转会

1. 应按照 RSTP 附件 3 的规定，将与十一人制足球球员国际转会有关的所有详细资料输入 TMS。

2. 为免生疑问，根据 RSTP 应支付的青训补偿不应包含在申报的转会补偿金中。

3. TMS 将确定可能触发根据 RSTP 获得青训补偿的国际转会。

7 青训补偿触发事由：涉及转会补偿的国内转会

1. 当球员在同一会员协会内的新俱乐部注册时，应在国内电子转会系统中输入国内转会信息。

2. 如果需要，各会员协会应确保并验证其附属俱乐部在国内电子转会系统中提交的数据、证明文件的准确性。

3. 当球员在国内注册或者支付转会补偿后 30 天内，应通过国内电子转会系统内的 FIFA 链接界面向国际足联提交转会信息和付款证明。

4. TMS 将根据会员协会提交的信息，确定可能触发根据 RSTP 获得青训补偿的涉及转会补偿的国内转会。

涉及转会补偿的国内转会——手动申报

5. 如果会员协会的国内电子转会系统无法通过 FIFA 链接界面向国际足联提交涉及转会补偿的国内转会详细信息，则会员协会应在 30 天内单独在 TMS 中手动申报转会，但须满足以下条件：

a）会员协会在 TMS 中手动申报前，应事先获得国际足联总秘书处的书面批准。

b）国际足联总秘书处可自行决定在规定的期限内给予书面批准，并可根据具体情况决定是否设置附加条件。

c）在这一期限结束时，会员协会应履行第 4 条第 2 款规定的义务，即通过相关电子系统向国际足联提交转会信息。

6. 在 TMS 中进行手动申报时，会员协会应提供强制性数据，包括转会协议（如有）。

7. 国际足联可随时要求会员协会提供更多文件或信息。

8. TMS 将根据会员协会申报的信息，确定可能触发根据 RSTP 获得青训补偿的涉及转会补偿的国内转会。

涉及转会补偿的国内转会——例外情况

9. 会员协会可以就存在本条第 3 款（或第 5 款）的例外情况向国际足联总秘书处提出申请，前提是在提出申请前一年内至少有 100 次涉及转会补偿的国内转会。如果获得批准，会员协会只有在以下情况下才有义务提交涉及转会补偿的国内转会信息：（i）相关球员的培训俱乐部隶属于另一个会员协会，或（ii）球员职业生涯中的所有培训俱乐部并未被全部识别。以下条款适用：

a）会员协会应事先获得国际足联总秘书处的书面批准。

b）国际足联总秘书处可自行决定在规定的期限内给予书面批准，并可根据具体情况决定是否设置附加条件。

c）此期限结束时，会员协会应提交新的例外申请。

d）无论会员协会认为是否应支付青训补偿，都应在 30 天内向国际足联提交相关国内转会的详细信息。

e）被授予例外情况但未遵守本条第 9 款的会员协会应根据第 17 条第 4 款接受纪律处罚。

8　电子球员参赛证（EPP）

1. 当根据本条例的规定和 RSTP 第 20 条和第 21 条确定触发了青训补偿时，TMS 将为有关球员生成临时 EPP。

2. 临时 EPP 生成后 10 天内，所有会员协会和俱乐部可在 TMS 中查验相关信息是否准确无误（查验期）。

3. 在查验期间：

a）未被列入临时 EPP 的会员协会，如果认为其一个或多个附属俱乐部应被列入最终版 EPP，可要求加入后续 EPP 审查流程。

b）未被列入临时 EPP 的俱乐部，如果认为其应被列入最终版 EPP，可向其附属会员协会要求加入后续 EPP 审查流程并提供相关注册信息。会员协会回应俱乐部请求时，应诚实行事。

4. 查验期结束后，国际足联总秘书处将评估临时 EPP 的准确性和相关性。如果根据临时 EPP 中显示的注册信息，没有迹象表明球员已在不同的会员协会注册，则可将临时 EPP 作废。利益相关的会员协会或俱乐部提出有根据的请求后，甚至在临时 EPP 效力作废后，国际足联总秘书处可随时自行决定重新启用临时 EPP。

9　EPP 审查流程

1. 在查验期结束且经国际足联总秘书处根据第 8 条评估后，国际足联总秘书处将在 TMS 中启动 EPP 审查流程，并邀请以下各方参与：

a）通过 FIFA 链接界面提供了球员相关注册信息的会员协会；

b）上述会员协会的相关附属俱乐部；

c）新俱乐部及其会员协会；

d）任何要求或被要求加入 EPP 审查流程的会员协会（参见第 8 条第 3 款）及其相关附属俱乐部，但决定权在国际足联总秘书处；以及

e）国际足联总秘书处认为相关的其他任何会员协会。

2. EPP 审查流程应持续 10 天。国际足联总秘书处可自行酌情延长其期限。

3. 会员协会可审查和/或要求修改任何注册信息。

4. 相关会员协会应在 TMS 中提交任何修改注册信息的请求，并可以一并提交以下文件：

a）会员协会出具的证明球员注册的文件；

b）国际转会证明的副本（如有）；以及

c）雇佣合同的副本（如有）。

5. 如果要求原俱乐部向球员提供合同，以保留其根据 RSTP 获得培训补偿的权利，则原俱乐部还应将该要约的证明及其通知上传至 TMS。

6. 如果原俱乐部未向球员提供合同，并且认为其仍有权获得培训补偿，则俱乐部或其会员协会应在 TMS 中提交请求，包括书面的请求理由和支持证据。

7. 如果培训俱乐部放弃了获得青训补偿的权利，新俱乐部应在 TMS 中上传有效弃权证明。

8. 如果培训俱乐部认为新俱乐部在 TMS 上传的弃权证明无效，可以通过在 TMS 中提交书面通知来质疑弃权证明的有效性。

9. 国际足联总秘书处可随时要求参与 EPP 审查流程的任何一方提供进一步信息。

10. 国际足联总秘书处将在完成 EPP 审查流程后在 TMS 中通知所有相关方。

10　国际足联决定

1. 在完成 EPP 审查流程后，国际足联总秘书处将评估任何修改注册信息的请求。

a）如果请求不明确或不完整，国际足联总秘书处可要求相关方在 5 天内提供进一步信息。

b）如果未能在期限内遵守国际足联的要求，则该请求将不予受理。

2. 无论是在 EPP 审查流程中还是审查完毕后，国际足联总秘书处均可要求参与 EPP 审查流程的任何一方提供其对俱乐部有权获得青训补偿的立场（例如，关于所谓的球员注册、放弃青训补偿权利或合同要约的有效性）。

3. 完成评估后，国际足联总秘书处将决定最终的 EPP 中纳入和修改的注册信息。在法律或事实复杂的情况下，应适用以下规定：

a）国际足联总秘书处应根据《程序规则》将此事提交争议解决庭。

b）全部材料移交给争议解决庭，EPP 审查流程暂停，等待裁决。

c）争议解决庭将根据《程序规则》决定最终的 EPP。

4. TMS 将根据最终的 EPP 自动计算分配报表，包括分配给所有培训俱乐部的金额。

5. 国际足联总秘书处将向 EPP 审查流程中的所有各方通知最终版 EPP 和分配报表。

a）该通知将包括争议解决庭的裁决及其对第 10 条第 3 款所述案件的裁决理由。

b）根据《国际足联章程》第 57 条第 1 款，该通知应被视为国际足联总秘书处的最终决定，并可向国际体育仲裁院（CAS）提出上诉。

c）如果未能在《国际足联章程》规定的期限内提出上诉，则 EPP 和分配报表将具有最终约束力。

d）若向 CAS 提出有效、及时的上诉，应在上诉期间中止 EPP 和相应分配报表的法律效力。

6. TMS 中将永久保存基于每个青训补偿触发事由生成的最终版 EPP，供所有会员协会和俱乐部查验。

a）球员的第一个最终版 EPP 中包含的注册信息对球员未来任何的最终版 EPP 具有约束力。

b）如果是在球员 23 周岁生日的日历年之前创建了球员的第一个最终版 EPP，则只有在未来的最终版 EPP 流程中，才会考虑由会员协会添加的后续年份的注册信息。

c）如果争议解决庭做出了与 EPP 相关的裁决，则该裁决应自具有最终约束力之日起对球员未来最终版 EPP 具有约束力。

d）如果球员未来具有约束力的最终版 EPP 包含的注册信息与根据前述 a）、b）或 c）项具有约束力的注册信息不同，则应根据第 17 条对未能提供准确注册信息的会员协会予以处罚。

11 支付转会补偿的证明

1. 对于涉及转会补偿的国际转会，新俱乐部应在付款之日起 30 天内，按照 RSTP 附件 3 的规定，在 TMS 中上传付款证明。

2. 对于涉及转会补偿的国内转会，新俱乐部应在付款之日起 30 天内，在国内电子转会系统中上传付款证明。

a）在向国际足联提交该信息之前，应由相关会员协会进行验证。

b）国内电子转会系统应通过 FIFA 链接界面将该数据传送给国际足联。

3. 对于根据第 7 条第 5 款在 TMS 中手动申报的涉及转会补偿的国内转会，相关会员协会应在付款之日起 30 天内在 TMS 中上传（每一笔）付款证明。

4. 为了分配报表的计算，付款证明中声明的金额将被视为转会补偿金额（或分期付款金额），并假定支付款项的俱乐部已根据 RSTP 附件 5 第 1 条第 1 款扣留 5% 作为联合机制补偿。

三　国际足联清算所支付流程

12　分配报表

1. 在生成每份分配报表后，将立即由 TMS 发送至国际足联清算所，且分配报表将包含收取相关款项和向培训俱乐部分配款项所需的所有信息。

2. TMS 中提供的俱乐部和会员协会的相关信息（包括银行信息）将发送至国际足联清算所进行付款处理。如果未包含俱乐部和会员协会的相关信息或相关信息不完整，国际足联清算所将获取这些信息。如果缺失的信息对于识别俱乐部并与俱乐部取得联系至关重要，国际足联清算所将要求相关俱乐部的会员协会提供这些信息。必要时，应在国际足联清算所提出请求后 7 天内，由会员协会提供进一步的联系信息，包括但不限于俱乐部在用的有效电子邮件地址。

3. 分配报表的生成如下：

a）培训补偿的分配：在 EPP 最终确定后（第 10 条）生成；

b）联合机制补偿的分配：在 EPP 最终确定后（第 10 条）和收到（每笔）付款证明后（第 11 条）生成；

c）如果争议解决庭是根据本条例［参见第 10 条第 3 款 a）项和

b）项和/或第 18 条第 2 款〕作出裁决，则在该裁决根据《程序规则》具有最终约束力后生成。

4. 在联合机制补偿中，如果青训补偿以欧元（EUR）、美元（USD）或英镑（GBP）以外的货币计算，国际足联总秘书处将应付的青训补偿金额转换为欧元。所使用的汇率将为支付相应转会补偿之日的汇率，对此不得有异议。

5. 在向 CAS 上诉的截止日期届满前，国际足联清算所可根据第 15 条启动合规性评估。

13　新俱乐部向国际足联清算所付款

1. 在新俱乐部和培训俱乐部通过合规性评估、相关 EPP 和分配报表具有最终约束力后，国际足联清算所将向新俱乐部发出付款通知，详细说明应付总额。

a）国际足联清算所应通过电子邮件或挂号信将付款通知发送至根据第 12 条第 2 款获得的地址。通过这些方式发出的通知应视为有效，以依此作为相关期限的起算点。

b）如果未能在 TMS 中登记最新地址，新俱乐部将承担任何后果。在任何情况下，向 TMS 中注册的地址发出的通知应被视为有效，并以此作为相关期限的起算点。

2. 收到付款通知后，新俱乐部应在 30 天内向国际足联清算所支付要求的金额。

3. 新俱乐部应支付要求的金额，包括任何相关的银行费用。国际足联清算所必须全额收到要求的金额。新俱乐部不得将支付要求金额的责任分配给任何其他方。国际足联清算所只接受以新俱乐部名义的银行账户转账支付的青训补偿。

4. 如果新俱乐部未能在规定的截止日期前全额支付要求的金额，则应：

a）收取国际足联清算所要求金额 2.5% 的管理费用，并将其支付给每家培训俱乐部，不再单独收取逾期付款的利息；以及

b）给予额外 7 天的时间全额支付国际足联清算所要求的金额。

5. 如果新俱乐部未能在上述第 4 款规定的进一步截止日期前全额支付所要求的金额，则应根据第 17 条的规定接受纪律处罚。

14 国际足联清算所向培训俱乐部付款

1. 在收到新俱乐部的全额付款后，国际足联清算所将根据具有最终约束力的 EPP 和分配报表生成一份分发报表，其中应包括每笔付款的目的和来源，以向培训俱乐部付款。此类分发报表将通过电子邮件或挂号信发送至各培训俱乐部。

2. 国际足联清算所将向各培训俱乐部提供的（以培训俱乐部名义注册的）银行账户付款。

四 合规性评估

15 合规性评估

1. 国际足联清算所有法律义务监督其业务关系以及在这些关系存续期间进行的交易。

2. 国际足联清算所将对参与向国际足联清算所付款或从国际足联清算所收款的各方进行评估，以确保其遵守与下列内容相关的国家和国际法律法规，包括但不限于：

a) 国际支付的制裁；

b) 反洗钱；

c) 反贿赂和腐败；以及

d) 打击资助恐怖主义。

3. 为进行所需的合规性评估，国际足联清算所可要求个人、俱乐部和/或会员协会提供以下信息，包括但不限于（如适用）：

a) 公司结构；

b) 组织结构；

c) 受益所有权；

d) 资金来源；

e) 财富来源。

4. 个人、俱乐部和会员协会应积极配合国际足联清算所的信息请求。配合程度的高低也应构成合规性评估内容的一部分，不予配合可能导致无法通过合规性评估。

5. 提供给国际足联清算所的所有文件和与国际足联清算所的通信应采用英语、西班牙语或法语。其他任何语言的文件应翻译成此三种语言之一的版本。

6. 在收到并分析一方要求进行合规性评估的信息后，国际足联清算所将进行初次评估并确定一方是否通过合规性评估（首次合规性评估）。

7. 国际足联清算所关于合规性评估的任何决定均具有最终约束力，不得提出任何上诉。

8. 国际足联清算所就一项交易的合规性评估作出的任何决定均不影响对另一项交易进行的合规性评估。

16 未通过合规性评估的后果

1. 如果一方未能通过首次合规性评估：

a）国际足联清算所将通知未合规方其未能通过合规性评估。

b）国际足联清算所将不会处理此交易或与之相关的任何付款。

c）各方的合规性评估应继续进行，未合规方仍有义务通过同一交易的合规性评估。国际足联总秘书处将在第 16 条第 1 款 a）项中的通知日期起 6 个月后向国际足联清算所再次提交本交易，以开启第二次合规性评估。相关未合规方可要求国际足联在上述 6 个月之前启动第二次合规性评估。

d）根据第 17 条，未合规方应受到纪律处罚。

e）如果未合规方在已经进行合规性评估的同时，成为不同交易的新合规性评估对象，则这两个过程将彼此独立进行。

仅当球员的新俱乐部未通过首次合规性评估时：

f）作为暂时措施，如果首次合规性评估在 2023 年 12 月 31 日前完成，则分配报表中规定的青训补偿应由未合规方直接支付至各培训俱乐部的银行账户。应在国际足联清算所通知未通过首次合规性评估后 30 天内进行付款。付款证明必须向国际足联总秘书处提供。

g）如果在未合规方通过合规评估时，尚未按照第 16 条第 1 款 f）项的规定进行付款，则根据本条例，必须通过国际足联清算所进行交易和付款。

2. 如果一方未能通过第二次合规性评估，则应适用第 16 条第 1 款 a）、b）、d）和 e）项。

只有在球员的新俱乐部未通过第二次合规性评估的情况下，未合规方仍有义务通过同一交易的合规性评估。国际足联总秘书处可依据相关未合规方的要求或依职权将交易提交给国际足联清算所，以开启后续的合规性评估。

3. 如果未通过合规性评估是基于以下原因，未合规方不会受到纪律处罚：

a）未合规方所在地为受国际制裁的国家或地区；或

b）未合规方无法控制的特殊情况，在合规性评估期间提请国际足联清算所注意。

五　处罚和争议

17　处罚

1. 就与本条例相关的任何事宜，个人、俱乐部和会员协会应配合国际足联总秘书处、国际足联清算所的工作，提供与本条例所述过程相关的真实、准确的信息，并应遵守国际足联总秘书处或国际足联清算所的要求，提供其拥有或有权获得的任何性质的文件、信息或其他材料。当对一方施加纪律处罚时，应考虑其与国际足联总秘书处和国际足联清算所的配合程度。

2. 国际足联总秘书处应监督本条例的遵守情况。

a）国际足联总秘书处可根据《国际足联纪律准则》，将不遵守要求提供信息或文件的通知或请求的情况，或任何其他不遵守本条例的情况，提交给国际足联纪律委员会。

b）国际足联总秘书处可根据《国际足联道德准则》将与本条例相关的不道德行为案例提交给独立的道德委员会。

3. 对于在 EPP 审查流程中未能提供准确注册信息或其球员电子注册系统和/或国内电子转会系统未与 FIFA 链接界面集成的会员协会，相应的处罚应为：

a）罚款；以及

b）如果由于会员协会的过失或疏忽，或由于上述一个或两个系统未与 FIFA 链接界面集成，而未提供准确的注册信息，导致其附属俱乐部无法分配到青训补偿，则命令其向附属俱乐部支付相当于本应支付的青训补偿的赔偿金。

如果会员协会能够证明其已尽最大努力提供准确的注册信息，但仍无法提供准确的注册信息，并令国际足联纪律委员会信服，则不适用第 17 条第 3 款 b）项的规定。

4. 对于未能向国际足联自动提交或手动申报青训补偿触发事由的会员协会，相应的处罚应为：

a）罚款；以及

b）如果由于会员协会的失误，俱乐部没有收到其通常有权获得的青训补偿，则命令其向培训俱乐部支付相当于本应支付的青训补偿的赔偿金。

5. 如果俱乐部在国际转会或国内转会申报中未能及时上传付款证明，则应根据 RSTP 附件 3 第 16 条的规定予以处罚。

6. 对于俱乐部未能按照第 13 条或第 16 条第 1 款 f）项的规定支付所要求的金额，处罚应为：

a）罚款；以及

b）禁止注册任何国内或国际新球员。一旦全额付款，应取消注册禁令。

7. 对未通过首次合规性评估的俱乐部或会员协会的处罚应为：

a）对于新俱乐部：

i. 在任何情况下，收取国际足联清算所要求金额 2.5% 的管理费用，并将其支付给每家培训俱乐部，不再单独收取逾期付款的利息；以及

ii. 谴责；和/或

iii. 罚款。

b）对于培训俱乐部：

i. 谴责；和/或

ii. 罚款。

8. 未通过第二次合规性评估的俱乐部或会员协会的处罚应为：

a）对于新俱乐部：

i. 罚款；以及

ii. 禁止注册任何国内或国际新球员。为避免疑义，应继续进行合规性评估，直到国际足联清算所确定其已成功通过。只有在国际足联清算所

确认俱乐部已通过后续的合规性评估后，才能解除注册禁令。

b）对于培训俱乐部或会员协会：

i. 取消培训俱乐部因特定交易而应获得的青训补偿，将修改分配报表，以指示新俱乐部通过国际足联清算所向俱乐部的会员协会支付青训补偿，供会员协会用于国内足球发展；以及

ii. 考虑到该方已经丧失了获得相关青训补偿的权利，认为适当的任何进一步处罚。

9. 对于所有其他违反本条例的行为和/或重复违反本条第 3—9 款中规定的行为，国际足联纪律委员会或独立的道德委员会（视情况而定）可自行决定处罚。

18　争议

1. 除非本条例另有规定，否则本条例中确定的任何最终决定均可根据《国际足联章程》向 CAS 提出上诉。

2. 俱乐部：

a）未参与相关 EPP 审查流程；以及

b）由于过桥转会（参见 RSTP 第 5 之一条）、球员交换或者新俱乐部或其会员协会申报的信息（包括俱乐部的培训等级类别），认为：

i. 其本应获得青训补偿，或获得的金额低于应得金额；或

ii. 应进行 EPP 审查流程；以及

c）认为其有权获得青训补偿；

可根据《程序规则》第 27 条向相关俱乐部提出索赔。争议解决庭应对此类索赔作出裁决。

3. 任何一方未能按照本条例的要求提供准确、最新的信息，可能会根据《国际足联纪律准则》受到纪律处罚。

六　最终条款

19　时间上的适用性

本条例适用于自本条例生效之日起触发青训补偿的所有交易。

20 临时性规定

如果国际足联清算所因其许可义务相关的任何原因而无法运营：

a）本条例第 4—12 条继续适用；

b）本条例第 13—16 条应暂时中止，直到国际足联清算所能够处理交易为止；

c）应当继续支付任何分配报表中规定的青训补偿；以及

d）有义务支付青训补偿的一方应根据具有最终约束力的 EPP 和分配报表，将款项直接存入各培训俱乐部提供的（以培训俱乐部名义注册的）银行账户。应在国际足联总秘书处通知后的 30 天内付款（参见第 10 条第 5 款）。未能遵守该规定将导致第 17 条第 6 款规定的纪律处罚。

21 参考

1.《程序规则》关于通信和时限的第 10 条和第 11 条应分别适用于本条例第 9 条和第 10 条。

2.《国际足联章程》和 RSTP 中规定的条款应适用于本条例。

22 未尽事宜

1. 本条例未规定的任何事宜应由国际足联总秘书处决定。

2. 应由国际足联理事会决定不可抗力事件，其决定为最终决定。

23 官方语言

如果本条例中各种语言文本的解释存在任何差异，则以英语文本为准。

24 不一致

1. 如果本条例的任何部分与《国际足联章程》不一致，则应以《国际足联章程》为准。

2. 如果本条例的任何部分与其他任何国际足联法规不一致：

a）如果不一致与获得青训补偿的权利有关，则应以 RSTP 为准；

b）在任何其他情况下，若存在不一致，以本条例为准。

25　执行管理

国际足联总秘书处负责本条例的执行管理，因此有权作出决定并通过实施本条例所需的详细规定。

26　实施

本条例于 2022 年 10 月 22 日获得国际足联理事会批准，并于 2022 年 11 月 16 日生效。

国际足联足球经纪人条例①

2023 年 1 月版

定义

就本条例而言,《国际足联章程》《国际足联球员身份和转会条例》中规定的术语以及下列定义(首字母大写)应适用:

代理机构:保留、组成、雇用或以其他方式充当一个或多个足球经纪人的商业事务载体的组织、实体、公司或私人公司。

方式:(i)与客户进行任何实际、面对面接触,或通过任何电子通信手段进行接触;(ii)与客户相关的其他人或组织(如家庭成员或朋友)的任何直接或间接接触;或(iii)足球经纪人使用或指示他人或组织以上述(i)或(ii)所述方式代表其接触客户时的任何行为。

客户:可能聘请足球经纪人提供足球代理服务的会员协会、俱乐部、球员、教练或单实体联盟。

关联的足球经纪人:一名足球经纪人与另一名足球经纪人相关,原因如下:他们(i)受雇于或按合同约定受聘于同一家提供足球代理服务的机构;(ii)均为同一家开展足球代理服务机构的董事、股东或共同所有人;(iii)彼此为夫妻、家庭伴侣、兄弟姐妹、父母与子女或继子女;或(iv)他们做出任何合同或其他安排(无论是正式的还是非正式的),多次合作提供任何服务,或分享其足球代理服务的任何收入或利润。

签约实体:可能聘请球员或教练的俱乐部、会员协会或单实体联盟。

足球经纪人:经国际足联授权提供足球代理服务的自然人。

足球代理服务:为客户或代表客户提供的足球相关服务,包括任何谈判、与之相关或准备的沟通或其他相关活动,以达成交易为目的、目标

---

① 文件来自国际足联官方网站:https://digitalhub.fifa.com/m/1e7b741fa0fae779/original/FIFA-Football-Agent-Regulations.pdf。

和/或意图。

个人：球员或教练。

权益：（i）法人的任何实际所有权，而这些实体的相关活动是通过该法人进行的，但使其所有者在俱乐部事务中享有单一投票权的普通、可自由获得的、不可转让的个人会员资格除外；和/或（ii）能够对自然人或法人的事务直接或间接、正式或非正式地产生物质、财务、商业、行政、管理或任何其他影响。

其他服务：除足球代理服务外，足球经纪人为客户或代表客户提供的任何服务，包括但不限于提供法律咨询、财务规划、球探、咨询、肖像权管理和商业合同谈判。

经纪人电子信息平台：国际足联运营的数字平台，许可程序、争议解决程序、职业可持续发展（CPD）和报告均应通过该平台进行。

条例：本《足球经纪人条例》，将不时进行修订。

解约实体：球员或教练即将离开的俱乐部、会员协会或单实体联盟，且将被签约实体雇佣和/或注册。

薪酬：协商好的雇佣合同中规定的雇佣财务报酬总额，包括基本工资、任何签字费以及满足某些条件时应支付的任何金额（例如，忠诚奖金或绩效奖金）。为免生疑问，在计算经济补偿金总额时，不考虑商定的任何未来转会补偿和任何非工资性福利，如提供车辆、住宿或电话服务。

代理协议：为建立提供足球代理服务的法律关系而签订的书面协议。

RSTP：《国际足联球员身份和转会条例》，将不时进行修订。

RWWI：《国际足联代理人工作条例》。

单实体联盟：隶属于会员协会的实体，组织一个（或多个）联赛，并代表其俱乐部的共同权益，例如，作为所有俱乐部球员的雇主。

特定交易：所有相关方都被定义和确定的交易。

交易：（i）俱乐部或单实体联盟对球员进行雇佣、注册或注销；（ii）俱乐部、单实体联盟或会员协会雇佣教练；（iii）将球员的注册从一家俱乐部转移到另一家俱乐部；（iv）个人雇佣条款的设定、终止或变更。

提及自然人的术语男女通用。任何单数的术语均适用于复数，反之亦然。

一 总则

1 目标

1. 国际足联有法定义务规范与足球转会体系相关的所有事宜。足球转会体系的核心目标为：

a）维护职业球员和俱乐部之间的合同稳定性；

b）鼓励培养年轻球员；

c）促进精英足球和草根足球之间的协同发展；

d）保护未成年球员；

e）维持竞争平衡；以及

f）确保体育竞赛的正常进行。

2. 对足球经纪人职业的监管确保足球经纪人的行为既符合足球转会体系的核心目标，也符合以下目标：

a）提高并制定足球经纪人职业的最低职业道德标准；

b）确保足球经纪人向客服提供的服务质量，并收取统一适用、公平合理的服务费；

c）限制利益冲突，以保护客户免受不道德行为的影响；

d）提高财务和管理透明度；

e）保护缺乏足球转会体系相关经验或信息的球员；

f）加强球员、教练和俱乐部之间的合同稳定性；以及

g）防止滥用、过度和投机行为。

2 范围

1. 本条例适用于在国际转会体系内从事足球经纪人的职业，并适用于：

a）所有具有国际性质的代理协议；或者

b）任何与国际转会或国际交易有关的行为。

2. 若存在以下情况，则代理协议具有国际性质：

a）涉及与国际转会（或教练转会与其前雇主隶属于不同会员协会的俱乐部，或者转会至与其前雇主不同的会员协会）相关的特定交易的足

球代理服务；或者

b）涉及与一项以上的特定交易有关的足球代理服务，其中一项交易与国际转会（教练转会与其前雇主隶属于不同会员协会的俱乐部，或者转会至与其前雇主不同的会员协会）有关。

3. 如果该行为与国内转会或国内交易相关，或者代理协议涉及与国际转会相关的特定交易与足球代理服务无关，则应适用签署代理协议时客户注册地或居住地的国家足球经纪人法规。

3 国家足球经纪人条例

1. 会员协会应在 2023 年 9 月 30 日之前实施和执行国家足球经纪人条例。

2. 国家足球经纪人条例对在相关会员协会管辖范围内的足球经纪人职业进行管理，并适用于所有不具有国际性质的代理协议。国家足球经纪人条例必须与本条例保持一致。特别是应当：

a）通过引用的方式纳入本条例第 11—21 条；

b）纳入提及国家法律的任何强制性内容的条款；

c）根据本条例的相关规定，为裁定任何争议的国家级机构提供管辖权；以及

d）根据本条例的相关规定，对实施纪律处罚措施的国家级机构提供管辖权。

3. 会员协会可以在其国家足球经纪人条例中引入比本条例的第 11—21 条规定更为严格的措施。如果这些规定与会员协会管辖范围内适用的法律中更为严格的强制性规定相冲突，也可以不适用这些规定。

4. 应要求，会员协会必须向国际足联提供一份其国家足球经纪人条例的副本，以供审查。

二 成为足球经纪人

4 总则

1. 自然人可通过以下方式成为足球经纪人：

a）通过经纪人电子信息平台提交完整的执照申请；

b）符合资格要求；

c）成功通过国际足联举办的考试；以及

d）向国际足联缴纳年费。

2. 申请执照表明，申请人同意遵守本条例、《国际足联章程》《国际足联道德准则》《国际足联纪律准则》以及 RSTP。所有这些规定都可以在国际足联官网获得。

5 资格要求

1. 申请人必须：

a）在提交执照申请时（以及此后，包括在获得执照之后）：

i. 在申请中不得存在虚假、误导性或不完整的陈述；

ii. 从未被判犯有涉及以下事项的刑事指控，包括任何相关的和解：有组织犯罪、贩毒、腐败、贿赂、洗钱、逃税、欺诈、操纵比赛、挪用资金、洗钱、违反信托义务、伪造、法律渎职、性虐待、暴力犯罪、骚扰、剥削或拐卖儿童或弱势青少年；

iii. 从未因未能遵守与道德和职业操守有关的规定而被监管机构或体育管理机构停职两年以上、取消资格或除名；

iv. 不得担任国际足联、洲际足联、会员协会、联赛、俱乐部、代表俱乐部或联赛利益的机构或任何与上述组织和实体有直接或间接联系的机构的官员或雇员；唯一的例外情况是，申请人已经被任命或当选为国际足联、洲际足联或会员协会的官员或雇员，并且该机构是代表足球经纪人利益的；

v. 个人或通过其代理机构未在俱乐部、青训营、联赛或单实体联盟中持有任何权益。

b）在提交执照申请前的 24 个月内，不存在无执照从事足球代理服务。

c）在提交执照申请前的 5 年内（以及此后，包括在获得执照之后）：

i. 从未宣告或被宣告个人破产，也不是已经宣告破产，进入破产管理、清算程序的企业的主要股东、董事或主要管理人员。

d）在提交执照申请前的 12 个月内（以及此后，包括在获得执照之后）：

i. 不得在经营、安排或进行体育博彩活动的实体、公司或组织中持有任何权益，以体育赛事的结果作为赌注以营利。

2. 申请人必须满足以下资格要求：

a）为了参加考试而进行申请；以及

b）在获得执照之后的任何时间内都符合第 17 条的相关规定。

3. 国际足联总秘书处负责调查申请人是否符合资格要求。

6　考试程序

1. 如果申请人满足资格要求，国际足联将邀请申请人在其执照申请中所选择的会员协会参加考试。

2. 会员协会可以向申请人收取考试费，专门用于支付组织和举行考试的合理费用。若申请人在考试前未支付考试费，将被取消参加考试的资格。

3. 考试的频率和日期将由国际足联决定，并以通函的形式进行通知。

4. 考试将是一套由国际足联准备的多项选择题，并将根据通函中的规定测试对现行足球规则的了解情况。

7　执照费用

1. 如果申请人通过考试，则必须向国际足联支付执照年费。

2. 与执照年费有关的要求将每年以通函的形式进行通知。

3. 申请人必须在通过考试后的 90 天内支付执照年费。否则，其申请将自动失效。

8　执照的颁发

1. 执照：

a）根据第 17 条，向自然人颁发永久有效的执照；

b）严格属于个人，不得进行转让；以及

c）授权足球经纪人在全球范围内开展足球代理服务。

9　职业可持续发展

1. 为了保持执照的有效性质，足球经纪人必须遵守 CPD 的相关年度要求。

2. 每年将以通函的形式通知 CPD 的要求。

10　申请暂停或终止执照

1. 足球经纪人可在经纪人电子信息平台中提交一份有根据的申请，请求暂时暂停或永久终止其执照。

2. 曾终止其执照的人，若未来想以足球经纪人的身份执业，必须完成本条例所述的所有执照申请程序。

三　作为足球经纪人从业

11　总则

1. 只有足球经纪人可以提供足球代理服务。

2. 足球经纪人必须始终满足本条例第 5 条规定的资格要求。

3. 足球经纪人可以通过代理机构处理其商业事务。代理机构雇用的任何非足球经纪人雇员或承包商不得提供足球代理服务，也不得与潜在客户接触以签订代理协议。如果足球经纪人的代理机构、雇员、承包商或其他代表的任何行为违反了本条例，足球经纪人仍将承担全部责任。

4. 以下自然人或法人不得与足球经纪人或其机构的任何事务有利益关系：

a）客户；

b）任何根据本条例第 5 条无资格成为足球经纪人的人；

c）违反 RSTP 第 18 之一条或第 18 之二条，直接或间接拥有或持有与球员注册有关的任何权利的任何人或实体。

12　代理

1. 在与客户签订书面代理协议后，足球经纪人方可为该客户提供足球代理服务。

2. 只有足球经纪人可以接触潜在客户，或与客户签订代理协议，提供足球代理服务。

3. 个人和足球经纪人签订的代理协议不能超过两年。只能通过签订新的代理协议延长该期限。任何自动续约条款或任何旨在将代理协议的任何期限延长至超过最长期限的条款，均无效。

4. 足球经纪人在任何时候仅可以与同一个人签订一份代理协议。在与个人签订代理协议之前，或在修订与个人的现有代表协议之前，足球经纪人应当：

a）书面告知个人其应当考虑就代表协议寻求独立的法律意见；以及

b）获得个人的书面确认，确认其已经获得或不打算接受该等独立的法律意见。

5. 签约实体或解约实体与足球经纪人签订的代理协议没有最长期限的限制。

6. 足球经纪人可在任何时候与同一签约实体或解约实体签订多份代理协议，但这些协议必须涉及不同的交易。

7. 只有协议包含以下最低要求时，代理协议方可有效：

a）双方的名称；

b）期限（如适用）；

c）应支付给足球经纪人的服务费金额；

d）所提供的足球代理服务的性质；

e）双方的签名。

8. 足球经纪人只能为交易中的一方提供足球代理服务和其他服务，但本条规定的唯一例外情形除外。

a）允许的双重代理：在同一交易中，足球经纪人可以为一个人和一家签约实体提供足球代理服务和其他服务，但前提是必须事先获得了两个客户的明确书面同意。

9. 足球经纪人尤其不得在同一交易中为下列人员提供足球代理服务或其他服务：

a）解约实体和个人；或

b）解约实体和签约实体；或

c）同一交易中的所有方。

10. 足球经纪人和关联的足球经纪人不得在同一交易中为不同的客户提供足球代理服务或其他服务，但本条第 8 款允许的双重代理情况除外。

11. 在提供足球代理服务后达成的交易中，任何相关的转会或雇佣合同都应注明足球经纪人的姓名、他们的客户、他们的 FIFA 执照号码和他们的签名。

12. 客户可以在不聘请足球经纪人的情况下进行谈判并达成交易。如果是这种情况，应在相关转会或雇佣合同中明确说明。

13. 包含如下条款的代理协议无效：

a）在没有足球经纪人参与的情况下，个人自主谈判和签订工作合同的能力受到限制；

b）如果个人在没有足球经纪人参与的情况下自主谈判和/或签订工作合同，则将受到处罚。

14. 如有正当理由，任何一方将有权随时终止代理协议。无正当理由撤销或终止代理协议的一方必须赔偿另一方由此遭受的损失。根据诚实信用原则，如当事人不能再合理地期望在约定期限内继续维持合同关系，则有正当理由终止代理协议。这包括但不限于以下情况：

a）足球经纪人执照被吊销或暂停；

b）禁止参加任何与足球有关的活动；

c）在至少一个完整的注册期内，禁止国内或国际新球员注册。

13　代理未成年球员

1. 为了促成任何足球代理服务，经纪人接洽未成年球员或其法定监护人（和/或随后履行代理协议）的时间受到限制，只能在未成年球员根据其受雇的国家或地区法律可以签订其第一份职业合同的年龄届满前 6 个月内。只有在事先获得未成年球员法定监护人的书面同意后，才可以采取上述做法。

2. 足球经纪人如果希望在涉及未成年球员的交易中代表未成年球员或俱乐部一方，必须首先完成关于未成年球员的职业发展持续培训课程（CPD），并遵守未成年球员将被雇用的会员协会所在国家或地区法律对代理未成年球员的所有要求。

3. 足球经纪人与未成年球员之间的代理协议仅在以下情况下有效：

a）代理协议符合本条例第 12 条第 7 款规定的最低要求；

b）足球经纪人已遵守本条例第 13 条第 1 款和第 2 款的规定；

c）代理协议由未成年球员及其法定监护人根据未成年人将被雇用的会员协会所在国家或地区的适用法律签署。

4. 任何违反本条第 1 款的行为都将受到处罚，至少处以罚款并暂停足球经纪人执照两年。

14　服务收费的一般原则

1. 足球经纪人可以根据代理协议向客户收取服务费。

2. 根据代理协议应支付的服务费应完全由足球经纪人的客户支付。客户不得与任何第三方订立合同或授权第三方支付该等款项。

3. 本条第 2 款原则的唯一例外情况是，足球经纪人代表个人，其协商的年薪低于 20 万美元（或同等金额），不包括任何附条件的付款。在这种情况下，聘用实体可以与个人达成协议，根据代理协议向其足球经纪人支付该交易的服务费。必须符合下列所有条件：

a）由聘用实体代个人支付服务费不影响足球经纪人对个人的信义义务。它也不能使足球经纪人对他方实体产生任何依赖或从属关系。

b）由聘用实体代个人支付的服务费不得高于个人与足球经纪人之间的代理协议约定的服务费。

c）聘用实体不得从个人报酬中扣除根据本条第 3 款支付的任何服务费。

4. 足球经纪人的服务费的支付应开具发票。

5. 只有当服务费与代理协议中预先规定的服务相对应，且代理协议在相关足球代理服务履行时有效的情况下，足球经纪人才有权获得服务费。

a）如果工作合同的期限长于代理协议，只要协商的个人工作合同仍然有效，足球经纪人可以在代理协议到期后获得服务费，前提是客户在代理协议中明确同意这一点。

6. 任何服务费应在相关注册期结束后分期支付，并在协商工作合同期间每三个月付款一次。

7. 只有个人实际收到薪酬才应支付按比例计算的服务费。

8. 工作合同期限不满六个月的，工作合同期满时一次性支付服务费。

9. 足球经纪人在为未成年球员提供足球代理服务时不得收取服务费，除非未成年球员根据将被雇佣的国家或地区的法律正在签订第一份或随后相关的职业合同。

10. 根据本条例第 12 条第 8 款 a）项（允许双重代理），当足球经纪人在同一交易中代表签约实体和个人时，签约实体可支付最高 50% 的应付服务费。

11. 放行实体应在收到每期转会补偿后，向足球经纪人支付服务费。放行球员的俱乐部应将收到的分期支付的转会补偿及时通知足球经纪人。

12. 在下列情况下，足球经纪人无权从协商的工作合同中获得任何尚未到期的服务费：

a）个人在协商的工作合同期满前转会到另一个聘用实体；

b）个人无正当理由提前终止协商的工作合同，足球经纪人在合同终止时仍然代理球员一方。

13. 所有支付给足球经纪人的服务费应按照国际足联清算所规定通过国际足联清算所支付。

a）如果《国际足联清算所条例》在本条例生效时没有规定支付给足球经纪人的服务费，则应直接支付给足球经纪人。《国际足联清算所条例》对此予以规定后，将通过国际足联清算所支付。

15 服务费上限

1. 应支付给足球经纪人的服务费计算方法如下：

a）当代理个人或聘用实体一方时：以个人薪酬为计算标准；

b）当代理放行实体一方时：以转会补偿为计算标准。

2. 无论向特定客户提供足球代理服务的足球经纪人数量如何，在一笔交易中提供足球代理服务应支付的服务费上限为（为免生疑问，应适用下列规定）：

客户	服务费上限	
	个人年薪少于或等于 20 万美元（或同等金额）	个人年薪超过 20 万美元（或同等金额）
个人	个人薪酬的 5%	个人薪酬的 3%
转入俱乐部	个人薪酬的 5%	个人薪酬的 3%
转入俱乐部和个人（允许双重代理）	个人薪酬的 10%	个人薪酬的 6%
转出俱乐部（转会费）	转会费的 10%	

a）计算有关个人薪酬的服务费上限时，可能不会考虑任何附条件的付款。

b）如果个人薪酬超过 20 万美元（或同等金额），且足球经纪人代理个人或聘用实体一方，则每年超过 20 万美元部分的服务费上限为个人薪酬 3%，但当代理个人和转入俱乐部两方时（允许双重代理），则前述上限为个人薪酬的 6%。

c）转会补偿的计算不包括：

i. 根据 RSTP 第 17 条或附件 2 支付的任何违约金；和/或

ii. 任何二次转会补偿。

3. 如果一名足球经纪人或关联的足球经纪人在交易前或后的 24 个月内，为该交易中的客户提供其他服务，除非有相反的证据，否则应推定其他服务构成该交易中执行的足球代理服务的一部分。

4. 如果足球经纪人和/或客户未能推翻本条第 3 款中的假设，则为其他服务支付的费用应被视为该交易中执行足球代理服务应支付服务费的一部分。

16 权利与义务

1. 足球经纪人：

a）可以向签署书面代理协议（包含本条例第 12 条所述最低要求）的任何客户提供足球代理服务；

b）不得接洽与其他足球经纪人签订了独家代理协议的客户，但在该独家代理协议期满前最后两个月除外；

c）不得与已经同其他足球经纪人签订独家代理协议的客户再签订代理协议，但该独家代理协议期满前最后两个月除外。

2. 足球经纪人应：

a）始终维护客户的最大利益。

b）尊重并遵守国际足联、联合会和会员协会的章程、规定、指示和决定。

c）在提供足球代理服务时避免利益冲突。

d）确保经纪人名字、执照号码、签名和客户名字出现在因提供足球代理服务而签订的任何合同中。

e）在获得执业许可期间始终符合本条例第 5 条和第 17 条所述的资格要求。

f）按照本条例第 7 条和第 17 条的规定，在经纪人电子信息平台规定的期限内向国际足联支付年度许可费。

g）遵守本条例第 9 条及第 17 条所述的持续职业发展要求。

h）遵守下文第 j）项和本条第 4 款所述的持续披露和报告要求。

i）立即向有关当局或机构报告任何违反本条例或国际足联、联合会或会员协会规则、条例或准则的行为。

j）上传经纪人电子信息平台的要求：

i. 履行、修改或终止代理协议后 14 天内，应上传相关的代理协议及经纪人电子信息平台要求的信息；

ii. 履行除代理协议外的其他协议（包括但不限于与"其他服务"相关的协议）后 14 天内，应上传相关协议及经纪人电子信息平台要求的信息；

iii. 在支付服务费后 14 天内：提供经纪人电子信息平台要求的信息；

iv. 在支付与客户签订的任何协议（代理协议除外）相关的费用后 14 天内：提供平台上要求的信息；

v. 足球经纪人之间做出任何合同或其他安排（合作提供服务或分享足球代理服务收入或利润）后 14 天内；

vi. 出现任何可能影响满足资格要求义务的信息后 14 天内；

vii. 与客户或其他足球经纪人达成任何和解协议后 14 天内。

k）如果通过足球代理机构处理业务，请将以下内容上传到经纪人电子信息平台：

i. 在涉及足球代理机构的第一笔交易达成后 14 天内：该代理机构的所有权结构、股东身份、受益所有人的身份和/或股本所占百分比；

ii. 在涉及足球代理机构的第一次交易达成后 14 天内：在该代理机构执业的足球经纪人数量及该机构所有员工的姓名；和

iii. 足球代理机构先前提供的任何信息发生变化后 30 天内：变化信息。

3. 足球经纪人不得从事或试图从事下列行为：

a）接洽、进行谈判、采取任何措施、征求或以任何方式促进各方之间的交流，以期达成交易（包括向媒体发表声明），目的是诱导任何个人无正当理由提前终止工作合同或违反工作合同中的任何义务。

b）直接或间接地向下列人员提供或支付任何不当的个人利益、金钱或其他利益：

i. 与足球代理服务有关的会员协会、俱乐部或单一实体联盟的任何官员或雇员；或

ii. 与该足球经纪人签订代理协议的个人（或其任何家庭成员、法定监护人或朋友）。

c）向客户隐瞒重要事实，包括但不限于：

i. 没有申报利益冲突（即使根据本规例，该等利益冲突在其他情况下是允许的）；或

ii. 未报告他方（以任何渠道）向客户发出的书面要约。

d）直接或间接规避本条例规定的服务费上限，例如但不限于故意增加服务费或向客户收取的其他服务费用。

e）接受与球员在俱乐部间转会有关的任何转会补偿或培训奖励，这包括但不限于 RSTP 第 18 之二条所述的任何权利。

f）违反 RSTP 第 18 之一条或第 18 之二条的规定，直接或间接参与 RSTP 定义的过桥转会，或拥有或持有与球员注册有关的任何权利。

g）违反本条例的其他行为。

4. 关于披露和报告，足球经纪人应：

a）立即将（以任何渠道）收到的与客户有关的任何书面报价通知客户；

b）应客户要求，向客户提供一份代理协议副本或任何其他服务的书面协议副本，一份因提供足球代理服务而促成的工作合同或任何其他书面文件的副本，一份因某一交易而支付给足球经纪人的任何形式的详细付款时间表；

c）应各会员协会、联合会和/或国际足联的相关机构的要求，以任何形式配合提供任何所需信息。

17 遵守持续的许可要求

1. 如果足球经纪人未能：

a）随时满足资格要求；

b）在经纪人电子信息平台规定的截止日期内向国际足联支付年度许可费；

c）在一个日历年内符合持续职业发展要求；或者

d）遵守报告义务；

他们的执照将被自动暂停。

2. 国际足联总秘书处负责调查遵守本条第 1 款要求的情况。

3. 如果本条第 1 款 a）项适用：

a）国际足联总秘书处如有理由认为足球经纪人不符合资格要求，并

自动临时暂停其执照，并将通知足球经纪人；

b）此事将提交国际足联纪律委员会作出决定。

4. 如果本条第 1 款 b）、c）或 d）项所述的一种或多种情况适用：

a）国际足联总秘书处将通知足球经纪人他们的违规行为和执照的自动临时暂停；

b）如果足球经纪人未能在其执照被自动暂时后 60 天内纠正其违规行为，其执照将被撤销。

四　客户的权利和义务

18　聘请足球经纪人

1. 客户

a）可以聘请足球经纪人来提供足球代理服务；

b）应按照本条例、代理协议、工作合同和转会协议（如有）的规定，及时支付与足球经纪人商定的服务费；

c）在签署代理协议之前，应确认足球经纪人已具备国际足联授予的资质；

d）应配合会员协会、联合会和/或国际足联相关机构提出的与足球经纪人有关的任何要求；

e）可要求足球经纪人提供一份详细说明客户支付和/或与该客户有关的所有款项（包括所有薪酬、费用和开支）的明细表；

f）（对于俱乐部）应在发生下列情况后 14 天内，将对应的信息上传到国际足联转会匹配系统（TMS）：

i. 俱乐部参与的每笔国际转会交易完成后，TMS 中要求提供的信息；

ii. 对相关代理协议的任何修改或终止；

iii. 除代理协议外，与足球经纪人签订的任何协议，包括但不限于其他服务的协议，以及 TMS 中要求的信息；

iv. 在支付与足球经纪人签订的任何协议（代理协议除外）相关费用后，TMS 中要求提供的信息。

g）应立即向国际足联、联合会或会员协会报告任何违反本条例的行为。

2. 客户（及其官员，如适用）不得从事或试图从事以下行为：

a）聘用或委任无执照人士提供足球代理服务；

b）接受或要求足球经纪人提供任何不当的个人利益、金钱或其他利益；

c）向足球经纪人（或足球经纪人的任何家庭成员或与其有关的其他人）直接或间接地给予、提供或寻求提供任何形式的对价或承诺，但约定的服务费除外；

d）会员协会、俱乐部和单一实体联盟干涉或影响个人选择足球经纪人的自由；

e）直接或间接参与或协助规避本条例设定的服务费上限；

f）依照本条例第 11 条第 4 款的规定，与足球代理机构或足球经纪人的事务有利害关系；

g）对于会员协会、俱乐部和单一实体联盟，直接或间接诱导或强迫个人违反其与其足球经纪人签订的代理协议条款；

h）未立即向国际足联报告任何违反本条例的行为；

i）允许足球经纪人或足球代理机构与之存在利益关系；或者

j）其他违反本条例的行为。

五　披露和公开

19　披露和公开

1. FIFA 将公开：

a）足球经纪人的姓名及所有详细信息；

b）足球经纪人代理的客户、独家代理或非独家代理，以及代理协议的到期日；

c）足球经纪人为每个客户提供的服务；

d）足球经纪人及其客户遭受的处罚；以及

e）足球经纪人涉及的交易详情，包括支付给足球经纪人的服务费用。

六 争议

20 管辖权

1. 在不影响足球经纪人或其客户向普通法院寻求救济的情况下，足球仲裁庭的经纪人庭对下列争议有管辖权：

a）由国际层面的代理协议引发的或相关的争议（参见本规则第 2 条第 2 款）；

b）根据《足球仲裁庭程序规则》提起的仲裁；以及

c）自争议发生之日起不超过两年，仲裁庭将依职权主动审查每个案件的时效。

2. 争议解决的具体程序根据《足球仲裁庭程序规则》进行。

3. 在不影响经纪人或其客户向普通法院寻求救济的情况下，对于由非国际层面的代理协议引起的或与之相关的争议，相关会员协会的国内足球经纪人条例中确定的裁决机构对此类争议有管辖权。

七 纪律事项

21 管辖和执行

1. FIFA 纪律委员会和相关的独立道德委员会有权根据本条例、国际足联纪律守则和国际足联道德守则，对违反这些规定、FIFA 章程或任何其他 FIFA 规定的足球经纪人或客户实施制裁。FIFA 对下列行为有管辖权：

a）与国际代理协议（参见第 2 条第 2 款）有关的任何行为；或

b）与国际转会或国际交易有关的任何行为。

2. 相关会员协会对违反国内足球经纪人规定的行为实施处罚。相关会员协会对下列行为有管辖权：

a）非国际代理协议（参见第 2 条第 3 款）有关的任何行为；或

b）与国内转会或国内交易有关的任何行为。

3. FIFA 总秘书处应监督本规定的遵守情况。特别是：

a）在合理通知的情况下，对收到要求提供信息的通知的任何一方，应充分合作，遵守 FIFA 总秘书处对其持有的任何文件、信息或任何性质的任何其他材料的要求，以及获取和提供不属于该方持有但该方有权获得的任何性质的任何文件、信息或任何其他材料的要求。如果不遵守 FIFA 总秘书处的这些要求，可能会受到 FIFA 纪律委员会的制裁。如果 FIFA 总秘书处要求，应提供英文、法文或西班牙文的文件（或摘要）。

b）各方通过经纪人电子信息平台、TMS 或经纪人电子信息平台或 TMS 中提供的电子邮件发送的信息将视为有效的交流方式，且将被视为遵守了时间限制。

c）在调查之后，FIFA 总秘书处可以根据 FIFA 纪律守则将不遵守本规定的情况提交至 FIFA 纪律委员会处理。

d）在调查之后，FIFA 总秘书处可以根据 FIFA 道德准则将与本规定相关的道德不端案件提交给独立的道德委员会。

八　最终条款

22　临时性规定

1. 2023 年 10 月 1 日（即本规定获批之日）或之后到期的代理协议，即使不符合第 12 条第 7 款规定的最低要求，将继续有效，直至到期（但不得延长其有效期）。

2. 自 2023 年 10 月 1 日起，本规定批准后签订的任何新的代理协议或现有代理协议的续期均应遵守本规定。

3. 自 2023 年 10 月 1 日起，根据本规定获得许可证的人员方能签署代理协议以继续提供足球经纪人服务。

23　根据《国际足联经纪人条例》获得许可证的足球经纪人

1. 根据下列规定，根据《国际足联经纪人条例》（1991 年版，1995 年版，2001 年版或 2008 年版）获得许可的经纪人无须根据本规定参加经纪人考试，但需要：

a）在 2023 年 9 月 30 日之前提交获取经纪人许可证的申请。

b）提供证据证明其是根据《国际足联经纪人条例》（1991 年版，1995 年版，2001 年版或 2008 年版）获得许可的经纪人。

c）经申请，符合本规定第 5 条的资格要求。

d）作为申请的一部分，需提供证据证明其在 2015 年 4 月 1 日至本规定批准之日根据 RWWI 或同等国家规定在会员协会注册为代理人，或注册为代理机构的所有者、董事或雇员。

e）FIFA 总秘书处确认无须考试的人员，需符合本规定第 7 条。

2. 原获得许可的经纪人符合相关条件，依照本规定第 8 条颁发许可证。随后，他们将受本规定要求的约束，但他们将被要求在五年内每个持续专业进修日历年获得一定数量的学分，如年度通函所述。

3. FIFA 总秘书处负责调查本条第 1 款的遵守情况。

24　承认国家法律许可制度

1. FIFA 可承认允许某人根据国家法律制定的体育经纪人许可制度，在一个国家或地区内从事等同于足球代理服务的，如果该制度：

a）为所有申请人员和许可证持有人设立了资格条件；以及

b）要求申请者成功通过考试，其中包括与足球规则或其他实质性教育要求有关的问题。

2. FIFA 承认根据国家法律建立的体育经纪人许可制度的申请，必须由适用该制度的国家或地区的相关成员协会通过经纪人电子信息平台发送给 FIFA 总秘书处。

3. 根据本条第 1 款在某一国家或地区从事等同于足球代理服务的人员，如满足下列条件，无须通过本规定要求的考试：

a）国家或地区的会员协会适用国家许可制度已根据本条第 2 款的规定得到 FIFA 的承认；

b）该人员需提供在本规定生效前（参见本规定第 28 条第 1 款 a）项），根据本条第 1 款的规定在相关国家或地区从事相当于足球代理服务的证明；

c）根据申请，该人员具备本规定第 5 条规定的资格条件要求；以及

d）该人员需遵守本规定第 7 条的要求。

4. 符合本条第 3 款规定的申请人符合有关条件的，依照本条例第 8 条的规定发给许可证。随后，他们将受到本条例所规定的持续许可要求的

约束，且他们将被要求在五年内每个持续专业进修日历年获得一定数量的学分，年度通函将进行通知。

5. FIFA 总秘书处负责对根据本条提出的任何申请作出决定。

25　足球经纪人工作组

1. FIFA 将成立一个足球经纪人工作组，该工作组由职业足球利益相关者代表以及经纪人组织的代表组成。

2. 足球经纪人工作组将作为处理足球经纪人相关事宜的常设咨询机构。

26　未尽事宜

1. 本规定未尽事宜将由 FIFA 总秘书处决定。

2. 不可抗力影响本规定的适用的情况，将由 FIFA 理事会决定，其决定具有最终效力。

27　官方语言

1. 如本规定的各种语言文本存在差异，以英文为准。

28　生效

1. 本规定由 FIFA 理事会于 2022 年 12 月 16 日批准通过，并按如下生效：

a）2023 年 1 月 9 日：第 1 条和第 10 条，以及第 22—27 条，主要关于获得许可证的流程。

b）2023 年 10 月 1 日：剩下条款，主要关于足球经纪人的行为规范以及足球经纪人及其客户的义务。

为免生疑问，客户有义务仅使用足球经纪人履行与交易有关的足球代理服务（参加本规定第 11 条）的义务于 2023 年 10 月 1 日起生效。

2. 自 2023 年 10 月 1 日起，《国际足联经纪人工作条例》被撤销。

国际足联理事会

主席詹尼·因凡蒂诺

总秘书长法特玛·萨穆拉

苏黎世，2022 年 12 月 16 日

关于《球员身份及转会规程》
新租借条款的解释性说明①

2022 年 11 月

简介

针对近日《球员身份及转会规程》（RSTP）涉及的国际球员租借条款的修订和补充部分，本说明旨在为国际足联会员协会（MAs）及其利益相关方提供额外和适当的指导。

一 俱乐部培训球员的定义②

1. 俱乐部培训球员必须是职业球员吗？

不论球员身份（职业或业余，如 RSTP 第 2 条所规定）、国籍和年龄如何，均可成为俱乐部培训球员。

俱乐部培训球员的定义中的重要和核心要素是，在球员 15 周岁（或 15 周岁赛季开始时）至 21 周岁（或 21 周岁赛季结束时）之间，其在当前俱乐部注册的时间达到 3 个完整赛季或 36 个月，无论注册时间是否连续。

2. 如何定义"连续与否"以确定球员是否为俱乐部培训球员？

要获得俱乐部培训球员的资格，球员必须在 15 周岁至 21 周岁之间在同一俱乐部注册总计达 3 个赛季或 36 个月，无论这 3 个赛季或 3 个月的

---

① 文件来自国际足联官方网站：https://digitalhub.fifa.com/m/785652de48694c8c/original/Explanatory-Notes-on-the-New-Loan-Provisions-in-the-Regulations-on-the-Status-and-Transfer-of-Players.pdf。

② RSTP"定义"部分的新增内容。

注册期是否连续。

例如，球员 A 从 15 周岁到 16 周岁在 X 俱乐部注册。之后离开 X 俱乐部，在其 18 周岁时返回 X 俱乐部。只要球员在俱乐部注册到 20 周岁（即其在 X 俱乐部注册时间累计达到 36 个月），就有资格成为 X 俱乐部的俱乐部培训球员。

3. 一名球员可以是多家俱乐部培训球员吗？

由于该定义涵盖了球员从 15 周岁至 21 周岁之间长达 7 年的时间，一名球员有可能在多家俱乐部获得俱乐部培训球员的资格。例如，球员 A 在 15 周岁至 18 周岁时在 X 俱乐部注册，然后在 18 周岁至 21 周岁时在 Y 俱乐部注册。这种情况下，球员 A 将有资格同时成为 X 俱乐部和 Y 俱乐部培训球员。

4. 俱乐部培训球员必须是"一线队"球员吗？

根据该定义，并不要求球员必须属于俱乐部的某一球队才能被视为俱乐部培训球员，只要球员在俱乐部注册达到 3 个赛季或 36 个月即可。

二 新球员租借规则的范围[①]

1. 新的球员租借规则的范围是什么？是仅适用于国际球员租借，抑或也适用于国内球员租借？

新的球员租借规则只适用于国际球员租借。根据 RSTP 的规定，国际转会包括将球员的注册关系从一个会员协会转移到另一个会员协会。为明确起见，根据 RSTP，只有职业球员才能被原俱乐部租借到新俱乐部，且租借期限是预先确定的。

此外，球员租借也同样适用球员转会的规则。为免生疑问，关于培训补偿和联合机制补偿的规定也适用于球员租借。

2. 鉴于新的球员租借规则仅适用于国际球员租借，这是否意味着国内球员租借规则未修改？

否，根据 RSTP 第 1 条第 3 款 a）项，新的租借规则属于 RSTP 在国内层面具有约束力的相关规定，纳入会员协会的相关规程时不得修改。

---

① 涉及对 RSTP 第 1 条第 3 款 a）项和 b）项的修订。

　　然而，根据 RSTP 第 1 条第 3 款 b）项，从 2022 年 7 月 1 日起，会员协会将有三年的时间来实施国内租借制度的规则，这些规则应符合确保比赛完整性、培养年轻球员和防止囤积球员的原则。

　　尽管如此，RSTP 中明确规定，国内商定的租借规则可以对租借球员的人数（国内球员租借）作出不同于 RSTP 第 10 条的限制，只要不与上述原则产生冲突。

　　必须强调的是，国内的相关规则需要与国内利益相关方达成一致。

　　3. 新的球员租借规则是否同时适用于女子足球和男子足球？

　　是的，新的租借规则对男子足球和女子足球均适用。然而，国际球员租借人数的上限将分别适用于男子足球和女子足球。换言之，根据这些规则，允许一家俱乐部向其他俱乐部最多租借男性球员 8 名，女性球员 8 名。

三　新的租借规则①

　　1. 在新的球员租借规则中，"原俱乐部"和"新俱乐部"的含义是？

　　在新的球员租借规则中，"原俱乐部"是指将球员对外租借的俱乐部，也被称为：起点俱乐部、母俱乐部或租出俱乐部。

　　在新的球员租借规则中，"新俱乐部"是指接收租借球员的俱乐部，也被称为：终点俱乐部或租入俱乐部。

　　2. 俱乐部需满足什么标准来保证租借的有效性？

　　国际球员租借需要遵守 RSTP 第 10 条第 1 款的规定，并遵守注册管理程序（RSTP 第 5 条）、国际转会证书（RSTP 第 9 条）以及 RSTP 附件 3 的行政程序的规定。

　　为明确起见，必须遵守注册管理程序的规定，以保证球员租借注册手续的适当履行。然而，根据 RSTP 第 18 条第 4 款和足球仲裁庭的判例，（雇佣）合同的效力不受行政程序的影响，包括但不限于球员注册的行政程序。

　　3. 当一名球员被租借至其他俱乐部时，他和原俱乐部之间的合同会

———————

　　①　涉及对 RSTP 第 10 条的修订。

发生什么变化？在租借期间，球员和原俱乐部之间的义务是否需要继续履行？

RSTP 第 10 条第 1 款 c）项中的租借规则明确规定，原则上，在约定的租借期内，职业球员和原俱乐部之间的合同义务必须中止，除非相关方另有书面协议。

4. 租借期是否有限制？

有，新版 RSTP 第 10 条第 1 款 d）项中对最短和最长租借期限分别规定如下：最短期限：两个注册期之间的期限；最长期限：一年。任何约定更长租借期限的条款均不会得到国际足联的认可。在任何情况下，双方必须确保租借期最后一日在原俱乐部所属会员协会的注册期内。

5. 球员租借可以延期几次？

在 RSTP 中，对球员的租借延期次数没有限制。因此，一旦租借到期，租借期可以延长。然而，根据 RSTP 第 10 条第 1 款 e）项，租借延期必须得到球员的书面同意才能被视为有效。此外，每次租借延期必须符合上述规定的最短和最长租借期限的规定。

6. 新俱乐部是否可以将租借球员再次租借给第三方俱乐部？

根据 RSTP 第 10 条第 1 款 f）项，新俱乐部不得将职业球员租借或永久转会至第三方俱乐部。

7. 当球员因租借被单方面终止而决定提前返回原俱乐部时，原俱乐部应如何"接收球员"？

根据 RSTP 第 10 条第 4 款，如果球员和新俱乐部之间的合同在租借合同约定的期限结束前被单方面终止，则适用以下规定：

1）球员有权返回原俱乐部。为此，球员必须通知原俱乐部解约的事实以及是否打算返回原俱乐部。

2）如果球员决定返回原俱乐部并已通知原俱乐部，则原俱乐部必须立即接收该职业球员。

根据 RSTP 第 10 条第 4 款 c）项规定，（在租借期间被中止的）合同将在球员重返原俱乐部之日继续履行，原俱乐部应立即将球员召回，球员应为原俱乐部提供体育服务。

同样，原俱乐部必须自球员返回该俱乐部之日起支付球员薪酬。

必须强调的是，根据 RSTP 第 10 条第 5 款：

1）上述规定与职业球员和新俱乐部合同终止适用 RSTP 第 17 条不冲

突，也与原俱乐部未能立即接收职业球员适用 RSTP 第 17 条不冲突。

2）原俱乐部接收球员的义务不影响原俱乐部索要赔偿金的权利。

8. 当原俱乐部接收相关球员后，能否注册球员？

无论球员与新俱乐部之间的合同是否为有正当理由终止，在下列情况下，球员均可以在原俱乐部注册：（i）原俱乐部已接收该球员，（ii）在原俱乐部所属会员协会的开放注册期内，前提是遵守球员注册的相关规定。

如果原俱乐部所属会员协会的注册期已结束，在职业球员有正当理由终止与新俱乐部的合同或新俱乐部无正当理由终止合同的情况下，球员原则上也可以在原俱乐部注册。这是基于 RSTP 第 6 条第 1 款的最后一句话，即国际足联可采取临时措施以避免滥用，并授权会员协会在注册期之外注册球员。

因此，球员必须初步证明其有正当理由，或者俱乐部无正当理由终止合同。与所有涉及临时措施的案件一样，国际足联批准临时措施的任何裁决都与随后向足球仲裁庭或国家主管机构提出的任何索赔无关。

在这种情况下，即使有可能，会员协会也不会被要求在注册期外注册球员。在这方面，会员协会必须根据 RSTP 第 10 条第 4 款 d）项的规定，与国内足球利益相关者达成协议，确定有关国内注册的相应规则。

相反，如果原俱乐部所属会员协会的注册期已结束，在职业球员无正当理由终止与新俱乐部的合同或新俱乐部有正当理由终止合同的情况下，球员原则上不可以在原俱乐部注册。

下表说明了上述可能的情况（取决于案件初步证据和国内注册规定）：

原俱乐部所属会员协会的注册期	球员与新俱乐部之间合同的终止	球员是否可以在原俱乐部注册？
开放	球员有正当理由终止/俱乐部无正当理由终止	可以
	球员无正当理由终止/俱乐部有正当理由终止	可以
关闭	球员有正当理由终止/俱乐部无正当理由终止	可以
	球员无正当理由终止/俱乐部有正当理由终止	不可以

9. 随着修订版 RSTP 的生效，现在对国际球员租入/出的人数是否有上限规定？是否有过渡期？

根据 RSTP 第 10 条第 6、7、8 和 9 款的规定，新规程的一个重大变化是，俱乐部租入/租出国际球员的人数将有一个严格的上限。

为确保所有利益相关方都能顺利执行相关规定，将设置一个三年过渡期：

2022 年 7 月 1 日至 2023 年 6 月 30 日	最多租借 8 名球员至其他俱乐部	最多从其他俱乐部租借 8 名球员
2023 年 7 月 1 日至 2024 年 6 月 30 日	最多租借 7 名球员至其他俱乐部	最多从其他俱乐部租借 7 名球员
从 2024 年 7 月 1 日起	最多租借 6 名球员至其他俱乐部	最多从其他俱乐部租借 6 名球员

值得注意的是，国际球员租借人数的上限适用于一个赛季的任何指定时间。

从这个意义上说，在 2022 年 7 月 1 日至 2023 年 6 月 30 日期间，俱乐部可以在一个注册期内租出 8 名球员至其他俱乐部，然后在同一赛季的第二个注册期再次租出（不同的）8 名球员至其他俱乐部，前提是在相关赛季的任何指定时间租出球员不超过 8 名。

10. 对于俱乐部国际球员租借（租入/租出）人数的新上限存在例外吗？

为了促进青少年球员发展，RSTP 第 10 条第 7 款规定特殊球员租借可以突破租借人数上限。

因此，如果原俱乐部在球员 21 周岁赛季结束前将其租出，且球员为原俱乐部培训球员，将不受租借人数的限制。为明确起见，这两个条件应同时满足。

因此，如果一名球员符合上述标准，该球员的租借将不计入原俱乐部或新俱乐部的租借人数上限之内。

11. 从 2022 年 7 月 1 日起，国际球员租借人数将设置上限（租入 8 人和租出 8 人）。如果 X 俱乐部因 2022 年 1 月签订租借协议而在 2022 年 7 月 1 日租借人数达到 9 人，且租借期超过一年，会发生什么情况？即使这些租借发生在新规程生效之前，超过租借人数上限（租出 8 人）的俱乐部是否属于违规？

根据 RSTP 第 10 条第 2 款，长于一年且在本条例生效之前的租借协议可以继续有效，直到合同期满为止。因此，在这种情况下，X 俱乐部不属于违规。

然而，如果一家俱乐部国际球员租借人数超过了上限，但租借发生于新规程生效前且租借期超过一年，俱乐部将不能向其他俱乐部租借新球员或者租借球员至其他俱乐部（视情况而定），直到俱乐部符合人数上限。

12. 由于存在国际球员租借人数 8 人（租入／租出）的上限，一家俱乐部可以向同一家俱乐部租借 8 名球员吗？

不可以，除了国际球员租借人数 8 人（租入／租出）的上限之外，RSTP 第 10 条第 8 款明确规定，两家特定俱乐部之间总计可以租借 3 名球员（租入／租出）。

例如，英格兰的 X 俱乐部在一个赛季的任何指定时间不能向法国的 Y 俱乐部租借超过 3 名球员。

必须强调的是，租借人数上限的适用不考虑球员年龄以及是否为俱乐部培训球员。

13. 在特定俱乐部之间租借球员的限制是否有例外或过渡期（"三入三出"）？

关于特定俱乐部间国际球员租借的限制将没有过渡期，从 2022 年 7 月 1 日起直接适用。

四　实例

实例 1

情形：

• 球员 A 出生于 2001 年 8 月 2 日，在法国 X 俱乐部效力了 4 个赛季。

第一段时间：球员 15 周岁至 16 周岁期间

第二段时间：球员 19 周岁至 20 周岁期间

• 法国的赛季从 7 月 1 日开始至次年 6 月 30 日结束。

问题：

• 2022 年 8 月 1 日，X 俱乐部将球员 A 租借给西班牙的 Y 俱乐部。此时，X 俱乐部国际球员租借人数已达到 8 人，是否可以将球员 A 租借至其他俱乐部？

回答：

由于球员 A 年龄不满 21 周岁，并且为俱乐部培训球员，所以可以租借至其他俱乐部，并且不受一般租借人数的限制。

● 重要的是球员 A 是为俱乐部培训球员，并且原俱乐部在球员 21 周岁赛季结束前（2022/2023 赛季）将其租出。

实例 2

情形：

● 法国的 X 俱乐部有 4 名 21 周岁以下的职业球员，且均是俱乐部培训球员。X 俱乐部认为如果这些球员同时租借到同一家俱乐部，将最有利于他们的发展。

● 西班牙 Y 俱乐部同意从 2022 年 8 月 1 日到 2024 年 7 月 30 日租借这四名球员。

问题：

● X 俱乐部表示，4 名球员都在 21 周岁以下，且都是俱乐部培训球员。因此，不需要担心租借人数上限的问题。是否存在潜在问题？

回答：

存在两个问题。

● 不考虑球员年龄以及是否为俱乐部培训球员，一家俱乐部在一个赛季的任何指定时间最多只能向同一俱乐部租借三名职业球员。

● 租借协议的最短期限为两个注册期之间的期限，最长期限为一年。

实例 3

情形：

● 2022 年 8 月 1 日，法国 X 俱乐部国际球员租借人数已达到 8 人。X 俱乐部决定将另外 5 名球员租借给法国其他俱乐部（国内球员租借）。

问题：

● X 俱乐部想知道这 5 名国内球员的租借是否存在任何问题？以及国际足联规则是否适用于国内球员租借？

回答：

国际足联规则只规范国际球员租借。从 2022 年 7 月 1 日起，会员协会有三年时间实施国内球员租借制度，以确保比赛完整性、培养年轻球员和防止囤积球员。这些国内规则必须得到国内足球利益相关方的同意（为避免疑问，国内球员租借人数限制可不同于国际球员租借人数限制）。

关于《球员身份及转会规程》未成年球员国际转会的解释性说明[①]

2022 年 11 月

引言

在与职业比赛的利益相关者举行了一系列会议，又与转会制度工作组达成共识后，足球利益相关者委员会（FSC）最终确定了第三套改革方案的一系列目标、原则和工作领域。就这一点而言，2021 年 5 月 14 日 FSC 批准了与第三套改革方案有关的一般原则，其中特别强调了关于未成年球员国际转会的问题。

其中，FSC 批准通过的与未成年球员国际转会有关的一般原则是：

——1300405822—人道主义例外

研究《球员身份及转会规程》（RSTP）第 19 条中的人道主义例外原则，以及是否可以更灵活地适用该原则，或者使其现代化以反映现实中被驳回的案例。

——1300405823—私立足校

探讨对在有组织足球赛事范围之外运营的私立足校（目前规定于 RSTP 第 19 之一条）的相关规定进行审查和现代化的可能性。

——1300405824—试训

探索试训的监管框架，以提供法律确定性，保护未成年球员（以及所有足球运动员）免受剥削。

——1300405825—保障

探讨未成年球员国际转会最低保护标准的可能性和可行性。

[①] 文件来自国际足联官方网站：https：//digitalhub. fifa. com/m/2364a229dd4f3289/original/Explanatory-notes-concerning-the-new-provisions-in-relation-to-minors. pdf。

本文件旨在为国际足联会员协会（MA）及其利益相关者提供有关RSTP 最新修订和增补（涉及上述子主题）的额外、适当指导。

1. 人道主义例外［RSTP 第 19 条第 2d）款］

核心原则仍然是，一般情况下，禁止未满 18 周岁的球员进行国际转会，但 RSTP 第 19 条规定的例外情况除外。

现有的例外情况之一是"人道主义例外"。然而，它的适用范围有限，因为它适用于没有父母陪同下独自逃离其原居住国或原籍国的未成年球员，因为他们的生命或自由（因种族、宗教、国籍、属于特定社会群体或持有特定政治见解）而受到威胁，无法返回其原居住国或原籍国。

至关重要的是，这一例外情况要求未成年球员必须至少获准暂时居住于到达国，并具有难民或受保护人士身份。

在 2020 年 RSTP 正式引入"人道主义例外"之前，国际足联未成年球员小组委员会，现为足球仲裁庭的球员身份裁决庭（PSC），偶尔会基于人道主义理由批准例外情况下的国际转会。[①] 在这方面，判例遵循 1951年在日内瓦通过的《关于难民身份的公约》中的方法。因此，人道主义例外情况仅适用于获得难民或受保护人士正式身份且举目无亲的未成年球员。[②] 正式引入"人道主义例外"并没有改变这一基本做法。

除了这一正式的方法外，PSC 还考虑已经申请庇护以及仍在等待其身份（寻求庇护者）[③] 裁决的球员提出的申请。然而，仅在球员很有可能获得庇护的情况下，PSC 才认为球员寻求庇护的身份足以证实狭义上的人道主义理由。

此外，对于申请寻求庇护但尚未获得正式庇护的球员，通常接受其希

---

① 该判例认为，除 RSTP 第 19 条所载的情况外，只有以下例外情况才能批准国际转会：未成年球员的国际转会与足球完全无关，而且在未来没有可能根据这种判例规避第 19 条第 1 款的保护目的。

② "受保护人士"是指国家当局给予其他形式保护（难民身份以外）的人，以保护那些为保护其生命或自由而离开其国家的人，而这些人不可能返回该国。PSC 接受上述形式的保护，并批准有关例外情况下的国际转会，只要能毫无疑问地确定（基于申请人提交的文件证据）转会是出于狭义人道主义原因。

③ 在这种情况下，寻求庇护者是已正式寻求其到达国保护以及居留权的人，但尚未得到国家主管当局的有关裁定。在这种情况下，需要考虑几个因素，特别是包括球员原籍国（或原居住国）的地缘政治形势。

望在纯业余俱乐部注册的申请。因此，PSC 通常不允许随后将此类未成年球员转会到职业俱乐部，以避免任何关注利益、追求竞争优势或体育成功的第三方利用未成年球员寻求庇护者身份和/或其原籍国（或原居住国）的地缘政治局势规避人道主义例外的制度目的。

因此，总体而言，如上所述，人道主义考虑事实上仅限于具有难民/受保护人士（以下简称"难民"）正式身份的未成年球员或寻求庇护的未成年球员。

虽然这种严格的适用是有防止滥用和/或规避规则的正当理由，但人们担心监管框架没有充分满足成千上万的举目无亲、流离失所的弱势儿童在国际上流动的现实，因为他们的生命受到严重威胁，且他们只是想把足球作为休闲活动。

考虑到举目无亲的外籍未成年球员将被视为一个弱势群体，国家相关主管部门和国际足联必须保护其身心健康，因此修订了 RSTP，以支持这些不是因为足球相关原因而是生命受到严重威胁而离开其国家的举目无亲、流离失所的弱势儿童，他们没有获得狭义上的难民或寻求庇护者的正式身份，但允许他们踢足球。

基于上述考虑，在严格适用例外情况以避免第三方的规避行为与儿童的利益之间找到了平衡点。这些儿童不具有寻求庇护者或难民的狭隘或正式身份，但他们被认为是弱势群体，需要国家相关主管部门的国家保护。

鉴于上述情况，对 RSTP 第 19 条第 2 款 d）项中人道主义例外情况的相应修正基于以下关键考虑：

√   即使没有正式的难民身份和/或没有正式的庇护程序，允许在原籍国（或原居住国）生存受到严重威胁的举目无亲、流离失所的未成年球员在新的国家参加有组织的足球赛事，但前提是他们已被国家主管部门认定为弱势群体，需要在到达国获得国家保护。

√   将球员逃离的国家范围由"原籍国"扩展到"原居住国"。

此外，该修正案还与防止剥削的保障措施相结合，同时对 PSC 的判例进行编纂。这包括以下内容：

√   只有在正式认定球员为难民或受保护人士的情况下，才会接受职业俱乐部提交的申请。

√   如果正式认定球员为难民、受保护人士、寻求庇护者或举目无亲的弱势未成年球员，才会接受纯业余俱乐部提交的申请。

√　对于以难民或受保护人士身份注册的未成年球员，对随后的任何国内转会没有限制。对于以寻求庇护者或举目无亲的弱势群体身份注册的未成年球员，可以参与国内转会，但在年满 18 周岁之前不得在职业俱乐部注册。

在此背景下，进一步参考了国际足联官网上发布的《未成年球员申请注册指南》，该指南概述了根据未成年球员国际转会或外籍未成年球员首次注册的各种情况应在申请中提交的相关文件。

在这方面，在 RSTP 第 19 条第 2 款 d）项中的人道主义特殊例外情况下，批准未成年球员申请需要特别提交以下文件：

➢　国家相关主管部门授予球员难民或受保护人士身份的决定副本；或

➢　国家相关主管部门的官方确认函，证明未成年球员寻求庇护权的程序正在进行中；或

➢　国家相关主管部门的官方确认函，承认举目无亲的未成年球员为弱势群体，需要国家保护。

最后，为了更灵活地处理此类问题，将考虑个案的具体情况，并采取务实的方式，以未成年球员的最大利益为出发点，以反映足球在使这些未成年球员融入新家庭和社会的过程中所带来的社会、情感和文化益处。

2. 私立足校

RSTP 第 19 之一条尤其为私立足校提供了监管框架。从本质上讲，它对与俱乐部有无法律、财务或事实联系的足校进行了区分，并规定私立足校对在校未成年球员情况报告的义务。

由于俱乐部经常从国外招收非常年轻的球员，而不为他们注册，所以最初在 2009 年的 RSTP 中引入了该条款。在某些情况下，这样做是为了绕过现有的关于保护未成年球员的严格规定。由于未注册，这些年轻球员无法参加有组织的足球赛事。然而，通过将这些球员招募到附属于俱乐部的足校，俱乐部可以留住人才，培养并发展他们，以便在他们年满 18 周岁时将其注册。然而，这些未成年球员的福利却无法得到保障。

令人遗憾的是，似乎由"私立足校"的兴起推动了一种趋势，在这种趋势下，利用私立足校作为"转会"的工具，未成年球员被隐蔽地进行国际"转会"，绕过了国际足联的国际转会透明原则。由于这些私立足

校在有组织的足球框架之外运作，国际足联对其活动的监管能力仍然有限。然而，新引入的报告机制将使国际足联能够最大限度地了解足校的运作情况，以便查明滥用行为，并在适当情况下予以处罚。

在这一背景下，对 RSTP 第 19 之一条监管的相应修订旨在更加明确其目的，并提供法律确定性。相关修订主要基于以下考虑因素：

√　避免歧义并编纂现有判例。在这方面，现澄清如下：

● 运营足校（在俱乐部的组织架构内或通过与俱乐部有法律、财务或实际联系的独立实体运营）的俱乐部有义务向俱乐部所属会员协会报告所有在校未成年球员（无论该球员是否在俱乐部注册）的情况。

● 当足校在俱乐部所属会员协会管辖范围内经营的，应由俱乐部向其所属会员协会提交报告。

● 同样，当足校在俱乐部所属会员协会管辖范围外经营的，应由俱乐部向足校所在地的会员协会提交报告。

√　澄清会员协会在私立足校方面的义务。在这方面，现澄清如下：

● 会员协会必须要求在其管辖范围内运营的，与俱乐部没有法律、财务或实际联系的所有足校（私立足校）向其报告所有在校未成年球员。

● 会员协会必须向相关主管部门报告可能意识到的私立足校的任何不当行为，并采取任何有效措施保护未成年球员免受潜在虐待。

● 向会员协会报告在校未成年球员的义务与球员的国籍无关。因此，无论未成年球员是国内球员还是外籍球员，都必须进行报告。如果未成年球员为外籍球员，且未在会员协会所在国连续居住至少五年，会员协会必须向国际足联报告该未成年球员，并根据初步证据评估该未成年球员是否符合 RSTP 第 19 条的要求。

√　改进的报告机制：会员协会应保存一份球员名册，其中包括有关未成年球员身份的其他详细信息，如其国籍、原籍国或原居住国，以及是否有经纪人参与。

√　与私立足校签订合作协议的俱乐部的义务。在这方面，现在已经确定，任何希望与私立足校合作的俱乐部都有以下义务：

● 向俱乐部所属协会报告此类合作；

● 确保私立足校向其所在地会员协会报告其球员；

● 在与私立足校签订合作协议之前，确保私立足校采取适当措施保护未成年球员；

● 向相关主管部门报告可能意识到的任何不当行为，并采取任何有效措施保护未成年球员免受潜在虐待。

为确保有效执行，国际足联纪律委员会仍有权对任何违反 RSTP 第 19 之一条的行为实施处罚。在这方面，强烈建议协会和俱乐部保留所有为遵守 RSTP 第 19 之一条修正案规定的义务而沟通和采取行动的记录。

3. 试训

当考虑到试训往往是未成年球员进入有组织的足球世界的第一步，这也是许多足球运动员职业生涯发展的必要步骤，但一些儿童可能在没有任何正式保障的情况下被要求去到世界各地，"试训"这一概念的规定就显得更加重要了。然而，在最近对 RSTP 中未成年球员保护的规定进行修订和补充之前，国际足联相关规则并未包含有关试训的具体规定。

因此，为了增加法律确定性，在与利益相关者讨论后，国际足联决定在这方面建立一个明确的监管框架。

鉴于足球生态系统中试训的重要性，同时考虑到需要提供监管保护以防止所有球员受到剥削，促使国际足联着手解决试训的问题。国际足联真诚地认为，足球的监管框架应该努力避免虐待球员并保障他们的福祉。

在这种情况下，适用于国际试训（即球员前往与其注册的会员协会不同的另一家会员协会的俱乐部参加试训）的监管框架应运而生，目的是为球员、俱乐部和会员协会提供法律确定性。在这方面，本次修正案的大部分修订集中在 RSTP 的新条款（RSTP 第 19 之二条），总结如下：

"试训"的正式定义

√   RSTP 首次定义了"试训"，并考虑到试训的目的，即俱乐部在短时间内评估未注册球员的技能和特点。

考虑到这一点，必须澄清的是，试训本身通常不会在俱乐部和试训球员之间建立雇佣关系。此外，试训并未授予试训球员职业球员的身份（参见 RSTP 第 2 条）。

所有试训球员的一般条件

√   最长试训时间

为了避免虐待行为，并为俱乐部提供运行确定性，RSTP 第 19 之二条第 4 款规定了试训的最长期限。换句话说，不允许无限期的试训。因此，俱乐部可以邀请球员在规定的时间内进行试训（参见 RSTP 第 19 之二条第 1 款），允许试训的最长时间如下：

- 如果球员未超过 21 周岁（含 21 周岁），一个赛季中在同一俱乐部最多试训 8 周；或
- 如果球员超过 21 周岁，一个赛季中在同一俱乐部最多试训 3 周。

值得注意的是，试训时间可以不连续计算。如果认为合适，可以将相关赛季的试训时间合并计算。此外，"相关赛季"是邀请球员参加试训的俱乐部的比赛赛季。

√　双方就试训条件达成协议——《国际足联试训表》

为了透明度和确定性的考虑，在试训开始前，俱乐部和试训球员必须根据 RSTP 第 19 之二条第 2 款就试训条件达成一致。

特别是，试训球员和俱乐部必须就以下条件达成一致：

- 支付住宿费用；
- 支付差旅费用；
- 支付餐费；以及
- 支付日常开销。

在这方面，双方必须同意，邀请球员参加试训的俱乐部是否会支付与上述条件相关的款项。如果双方同意俱乐部负责支付这些条件中的任何一项，则双方必须就在试训期间（而不是每天）每项条件的总金额达成一致。

为此，双方必须在 FIFA. com 上获取的相关《国际足联试训表》中对试训条件予以明确。

根据 RSTP 第 19 之二条第 2 款的规定，俱乐部必须最晚在试训开始前十天将填写完毕且由双方正式签署的《国际足联试训表》上传至国际足联转会匹配系统（TMS）。

同样，《国际足联试训表》中试训球员的信息需要完善，填写的信息应与球员身份证明，保持一致。因此，必须将身份证明与《国际足联试训表》一起上传至 TMS。

同样值得注意的是，与俱乐部签订合同的职业球员可以在另一家俱乐部试训，前提是必须获得球员当前俱乐部的书面许可。在这种情况下，必须将当前俱乐部的书面许可与《国际足联试训表》一起上传至 TMS。

√　注意义务——医疗

作为一项保障条款，根据 RSTP 第 19 之二条第 3 款，俱乐部对试训

球员负有注意义务。对于在试训范围内进行活动且由试训直接造成的伤害，俱乐部必须提供医疗服务并支付任何必要的医疗费用。

　　∨　球员在试训期间可以参加的比赛类型

同样，为了提供法律确定性，有人认为有必要区分试训球员在试训期间可以参加哪种类型的比赛，特别是考虑到这种评估期的特殊性，即邀请球员参加试训的俱乐部并未注册试训球员。

RSTP 将"有组织的足球赛事"定义为"由国际足联、洲际足联、相关协会主办或授权的足球赛事"，根据之前的监管框架，在试训期间（因此未在俱乐部注册），球员只能参加不属于"有组织的足球赛事"范围的比赛。

RSTP 新的第 19 之二条第 5 款中实施的关于试训的新监管框架现在明确规定，允许试训球员参加友谊赛（前提是这些友谊赛在规定的试训期间进行），以及任何不属于有组织足球赛事范围的活动。

就第 19 之二条而言，通常可以将友谊赛理解为不构成国际足联、洲际足联、会员协会或会员协会所属联赛正式比赛的任何比赛。在这方面，根据国内层面现有的具体规则，国家冠军联赛、国家杯赛以及俱乐部国际锦标赛（构成国际足联或洲际足联正式比赛的一部分）的比赛将不具备友谊赛资格。

值得一提的是，注册制度的一般原则是，无论是业余球员还是职业球员，想要参加有组织的足球赛事的所有球员都必须在俱乐部注册。由于友谊赛也可能属于有组织的足球赛事范围，因此对 RSTP 第 5 条第 1 款进行了修订，以便为一般规则提供一种例外情况。根据一般规则，只有通过 FIFA ID 进行电子注册的球员才有资格参加有组织的足球赛事。因此，试训球员（尽管没有注册）可以例外地在试训期间参加友谊赛。

然而，应澄清的是，与注册类似，球员通过接受试训，同意完全遵守《国际足联章程》和其他规定，以及洲际足联和会员协会的相关规定。

因此，为了进一步提高法律确定性，对 RSTP 第 9 条第 2 款进行了修订，以明确会员协会不得仅为允许试训球员参加在试训期间进行的友谊赛而申请国际转会证明。

　　∨　禁止要求、提供和/或接收与试训相关的付款

为了保障参加试训球员的福利并避免虐待，RSTP 第 19 之二条第 6 款明确禁止任何受《国际足联章程》约束的人要求、提供和/或接受与试训

有关的任何付款。这项规定不影响俱乐部和试训球员之间就试训条件达成的协议，即允许俱乐部支付与 RSTP 第 19 之二条框架内的试训相关的费用。

√   俱乐部无权就试训获得青训补偿

此外，鉴于试训的目的是让俱乐部能够评估试训球员的技能和特点，而无须进行注册，RSTP 第 19 之二条第 7 款明确规定，俱乐部无权在规定的试训期内获得青训补偿（即联合机制补偿或培训补偿）。即使球员因试训而缺席原俱乐部的培训，获得青训补偿的权利仍属于球员注册的俱乐部。

未成年球员的一般条件

未成年球员比成年球员更容易受到伤害，因此需要更严格的未成年球员保护机制。为了帮助打击贩卖儿童行为，防止虐待未成年球员，避免出现规避规则的情况，并加强问责制，除适用于所有试训球员的一般条件外，RSTP 第 19 之二条第 8 款和第 9 款还引入了以下具体内容。

√   国际试训的最低年龄

允许对未成年球员进行试训，但前提是试训始于未成年球员 16 周岁生日的赛季。要考虑的赛季是俱乐部邀请未成年球员参加试训的赛季。

如果未成年试训球员和邀请未成年球员参加试训的俱乐部的所在地都在欧洲，试训可以始于未成年球员 15 周岁生日的赛季。不应在政治意义上理解"欧洲"一词，而应从隶属于欧足联的会员协会角度理解。

√   未成年试训球员父母的明确书面许可

未成年球员在俱乐部进行试训需要其父母的书面许可。必须将书面许可与《国际足联试训表》一起上传至 TMS。

√   未成年试训球员的联络人

邀请未成年球员参加试训的俱乐部必须指定俱乐部内的一名工作人员作为未成年试训球员的联络人。必须在《国际足联试训表》中详细说明俱乐部指定工作人员的全名和联系方式，该工作人员将成为未成年试训球员的联络人。

√   有义务为未成年试训球员提供最佳住宿、生活标准和足够的费用保障

俱乐部必须确保未成年试训球员有最佳的住宿、生活水平和足够的费用保障。为了保护年轻球员，这些条件可能无法协商。

√ 允许未满 16 周岁的未成年业余球员试训的条件是，已就试训正式通知其注册俱乐部且寄送《国际足联试训表》副本。

根据 RSTP 的规定，未满 16 周岁的未成年业余球员可以在另一家俱乐部试训。然而，未成年球员必须将试训情况告知其当前注册俱乐部，并向该俱乐部提供一份完整且正式签署的《国际足联试训表》副本。

√ 对未成年球员每年试训次数的限制

为了避免未成年球员长时间参加国际试训而对其发展可能造成不利影响，新的规程将限制每名球员每年参加试训的次数。因此，每名未成年球员每年最多只能参加两次试训。

此外，在任何一个赛季中，每次试训都必须遵守规定的最长 8 周试训时间。

其他事项

√ 与劳资协议的关系

如果在国内层面签订了有效的劳资协议，则有可能偏离 RSTP 第 19 之二条规定的试训球员和俱乐部之间的最低标准，并规定球员可以离开当前俱乐部参加试训的附加条件。然而，为了清楚起见，不能够偏离以下标准，例如国际试训的最低年龄 [RSTP 第 19 条第 8 款 a）项]、球员在试训期间可以参加的比赛类型（RSTP 的第 19 之二条第 5 款）以及俱乐部无权因球员试训而获得青训补偿（RSTP 第 19 之二条第 7 款）等。

处罚

国际足联纪律委员会将对任何违反这些规定的行为，以及未能在 TMS 中上传完整且正式签署的《国际足联试训表》或未履行《国际足联试训表》中约定条件的行为进行处罚。在这些类型的处罚程序中，试训球员和相关俱乐部都享有当事人的程序地位，以确保他们可以在权利受到直接影响时适当地参与程序。

值得注意的是，对于未能遵守商定的试训条件而导致的纪律处罚程序，必须提交书面诉状。

4. 保障

"保障"被定义为采取积极行动，通过适当的预防和应对措施保护人们免受伤害或虐待，并提高他们的福祉，这意味着尽一切可能识别和化解风险，防止任何类型的伤害或虐待发生，并为球员的未来提供最佳条件。

不言而喻，儿童保护是保障的重要组成部分。

在最近的修正案之前，RSTP 中未成年球员国际转会的保障概念仅限于 RSTP 第 19 条第 2 款 b）项所涵盖的特定情形，即 16—18 周岁未成年球员在欧盟/欧洲经济区境内转会，或只要满足某些强制性条件，在同一国家内的两个协会之间转会。

这些现有的保障协议侧重于对未成年球员拟注册新俱乐部的一系列要求，即：

√ 足球教育：新俱乐部必须为球员提供符合最高国家标准的足球教育和/或培训；

√ 学术教育：新俱乐部应保证球员除了足球教育和/或培训外，还接受学术和/或学校和/或职业教育和/或培训，这将允许球员在职业足球生涯终止时从事足球以外的职业；

√ 住宿：新俱乐部应作出一切必要的安排，以确保球员得到尽可能最好的照顾（包括提供寄宿家庭或俱乐部里的最佳生活水平，在俱乐部为其安排辅导员等）；以及

√ 核实：球员注册后，俱乐部应向相关协会提供其遵守上述义务的证明。

尽管对与人道主义例外情况、试训和私立足校有关的规则进行了修订和完善，但将加强保障标准，以确保对未成年球员的更全面保护，并在 RSTP 中引入了额外的保障标准。

在这方面，有关保障的相应修正案基于一个基本前提，即所有未成年球员都必须得到适当照顾，必须尽可能得到保障，保护年轻球员的福利不受剥削和虐待至关重要。相关修订可概括如下：

●RSTP 引入了新的第 19 条第 8 款，该款规定了通过国内转会、国际转会或首次注册方式注册未成年球员的俱乐部的以下义务：

●俱乐部对未成年球员负有注意义务。

●在从事可能对他人造成伤害的活动时，俱乐部必须采取合理的注意标准，对于未成年球员可能遭到的伤害，俱乐部必须提高警惕，谨慎行事，以避免任何可预见的伤害风险。

●俱乐部有义务采取一切适当措施保护未成年球员，并以适当方式行事，以保护未成年球员免受任何可能的虐待。

●在这方面，建议确保所有球员任何时候都能与一个俱乐部的可靠联

络人取得联系。

- 同时，建议球员联络人学习国际足联体育教育保障计划，这是一个 90 分钟的在线免费教育工具，可在 https：//safeguardinginsport.fifa.com 查看。

- 俱乐部必须确保未成年球员有机会按照最高国家标准获得学术教育，这将使他们能够从事足球以外的职业。

- 最重要的是，球员应有机会接受扎实的双重教育（足球培训、学术或职业教育），以便更好地为未来做好准备。

- 在这方面，除非 RSTP 明确要求（参见 RSTP 第 19 条第 2 款 b）项 ii 目），尽管俱乐部无须出示球员实际已在学校或学术机构注册的证明文件，俱乐部应记录所有采取的行动，以确保未成年球员有机会获得扎实、适当的教育，以便离开足球领域后也能更好地立足。

第二篇

国际足联指令性规范

第 1843 号通函 注册禁令——《球员身份及转会规程》/《国际足联纪律准则》①

2023 年 4 月 28 日

尊敬的先生/女士：

如您所知，根据《国际足联章程》第 55 条，禁止在国内或国际上注册新球员（所谓的注册禁令），是国际足联司法机构或足球仲裁庭可能采取的纪律措施之一。

鉴于近年来实施的注册禁令越来越多，再加上国际足联管理部门收到了大量相关请求，本通函的目的是提供有关这一纪律措施的信息，并说明其适用范围。

一　实施注册禁令的管辖权

1. 足球仲裁庭

根据《球员身份及转会规程》（RSTP），并酌情根据《国际足联清算所条例》（FCHR），注册禁令是足球仲裁庭可能对俱乐部实施的制裁之一。

更具体地说，可以对以下情况实施注册禁令：逾期支付（RSTP 第 12 之一条）、无正当理由终止合同（RSTP 第 17 条）、以球员怀孕为由单方面终止合同（RSTP 第 18 之三条第 3 款）、未及时支付相关到期款项（RSTP 第 24 条和附件 2 第 8 条第 2 款）。

① 文件来自国际足联官网：https://digitalhub.fifa.com/m/31f4c8d7b341282d/original/Circular-1843_ Registration-bans_ RSTP-and-FIFA-Disciplinary-Code_ EN.pdf。

2. 纪律委员会

根据《国际足联纪律准则》（FDC）第 6 条第 3 款，国际足联纪律委员会仅可对法人，特别是俱乐部实施"注册新球员的禁令"。

实施这一措施的绝大多数决定都来自于 FDC 第 21 条（与不遵守决定有关），该条款特别指出"针对俱乐部……将实施禁止注册新球员的禁令……"

尽管如此，需要注意的是，这一措施并不局限于可能违反上述条款的情况，俱乐部也可能因违反任何国际足联规定而受到处罚。一般而言，注册禁令是对涉及未成年球员国际转会中的违规行为最常见的制裁措施。

二 范围

1. 禁止注册新球员

被禁止注册的俱乐部应在注册禁令期间禁止在国内或国际上注册任何新球员，无论是业余球员还是职业球员。

换句话说，俱乐部只能在以下情况下注册新球员：（i）在禁令执行完毕后（如果注册禁令有具体期限，在这种情况下，俱乐部只能在相关处罚执行完毕后的下一个注册期注册新球员），和/或（ii）在国际足联管理部门解除禁令后（如完成某项特定行动而解除注册禁令）。

根据上述规定，在禁止注册期间，俱乐部不得利用 RSTP 第 6 条第 3 款规定的例外情况来提前注册球员。

2. 禁令的地域适用范围

如前所述，注册禁令应在国家和国际层面上适用。换句话说，它将影响国内转会或国际转会而产生的任何注册。

国际层面的禁令将由国际足联直接在转会匹配系统（TMS）中对该系统中现有的所有俱乐部实施。然而，相关协会有责任确保在国家层面的其注册平台上以及在国际层面对那些不在 TMS 中的俱乐部正确执行该禁令。因此，将要求相关协会向国际足联管理部门提供证据，证明已适当执行该措施。换句话说，为了明确起见，会员协会最终要负责确保在整个禁令期间无球员因国内或国际转会在俱乐部注册。任何不遵守这些义务的协会都将受到国际足联纪律委员会的潜在制裁（参见下文第三部分——不遵守或不执行注册禁令的行为）。

为了完整起见，被禁止注册的俱乐部处理的任何国际转会都将触发 TMS 的验证异常（参见 RSTP 附件 3 的第 14 条第 1 款）。

3. 禁令的执行

注册禁令会自动执行，并自通知送达之日起立即生效。该禁令适用于在通知送达之日尚未完成的所有注册。

4. 关于球员：性别、足球类别和身份

作为一般规则，除非在实施处罚的相关决定中另有规定，注册禁令应适用于引起该决定的当事人和/或当事方的性别（即男性或女性）和足球类别（即十一人制足球、五人制足球或沙滩足球），而不考虑球员身份（业余或职业）。

举例来说，根据 FDC 第 21 条的规定，因未向一名男性球员付款（即使是依据 FIFA 或 CAS 的某一机构、委员会、附属机构或实体指示付款）而被禁止注册的俱乐部，将被禁止注册十一人制男性球员（无论是业余球员还是职业球员）。换句话说，在这种情况下，禁令将不适用于（i）女性球员或（ii）五人制足球或沙滩足球。

5. 青年队

为了不妨碍青少年足球运动员的发展，除非实施处罚的相关决定另有规定，自本通知发布之日起，被禁止注册的俱乐部可以为其青年队注册球员，但这种可能性仅限于 15 周岁以下的球员。在注册禁令期间新注册到青年队的球员，在注册禁令期满之前，不能为俱乐部的一线队或俱乐部的任何其他职业队效力。如果发生这种情况，应宣布有关球员无参赛资格，且必须宣布该球员参加的任何比赛均无效。

6. 签署合同

对俱乐部实施注册禁令并不妨碍其与（新）球员签订合同。只有根据 RSTP 第 5 条进行的注册，以及由此参加官方比赛和/或友谊赛的球员，

才会受到处罚的影响。

7. 监管方面的例外情况

尽管有上述规定，并与 RSTP 第 25 条第 3 款一致，以下行为不违反注册禁令：

a）仅在租借协议自然到期的情况下，租借职业球员的返还；

b）租借协议到期后，租借职业球员的续租；

c）在实施注册禁令之前临时注册在俱乐部的职业球员转为正式雇佣关系；

d）在实施注册禁令之前已经在俱乐部直接注册为业余球员转为注册为职业球员。

为明确起见，同样的原则应比照适用于纪律委员会根据 FDC 实施的任何注册禁令。

三 不遵守或不执行注册禁令的行为

最后，我们要澄清的是，任何俱乐部和/或协会如果不遵守和/或执行注册禁令，都可能会受到国际足联纪律委员会根据 FDC 第 21 条实施的进一步制裁。

如果您对此有任何疑问，请致函 legal@ fifa. org。

国际足联

秘书长法特玛·萨穆拉

第 1805 号通函《球员身份及转会规程》——俱乐部分类和注册期^①

2022 年 7 月 8 日

尊敬的先生/女士：

与往年一样，请您参阅《球员身份和转会条例》（RSTP）中关于培训补偿、俱乐部分类和注册期的条款。

如您所知，所有协会都必须使用转会匹配系统（TMS）。必须在 TMS 中记录贵协会确定的注册期和俱乐部培训等级分类。协会还必须在其国内注册系统（NRS）中保留其附属俱乐部的准确数据（包括俱乐部培训等级分类）。

1. 培训补偿：俱乐部培训等级分类

各协会必须在 2022 年 7 月 31 日之前，根据俱乐部在培训球员方面的资金投入，在 TMS 中将其附属俱乐部划分为不同的培训等级（参见 RSTP 附件 4 第 4 条第 1 款）。

此外，各协会必须在各自的 NRS 中保存准确的数据（包括当前数据和历史数据），包括与所有附属俱乐部培训等级分类的相关信息。鉴于清算所项目（将于今年晚些时候上线）和电子球员护照的创建，将要求各协会（通过 FIFA Connect 界面）发送该球员在协会注册的整个期间内的详细注册信息。这些注册信息必须包括球员所效力的附属俱乐部的培训等级分类。

因此，各协会还必须在 2022 年 7 月 31 日之前，确保在其 NRS 中准

---

① 文件来自国际足联官网：https：//digitalhub. fifa. com/m/52c4ddbd3a08ce16/original/Circular－No－1805－Regulations－on－the－Status－and－Transfer－of－Players－categorisation－of－clubs－and－registration－periods. pdf。

确反映各附属俱乐部的培训等级分类。

指定的等级应在整个相关赛季内有效。各协会不得在某一赛季内修改俱乐部的培训等级。

附表显示了各协会可用于对其附属俱乐部的培训等级分类，以及适用的培训费用（参见 RSTP 附件 4 第 4 条第 2 款）。

如果协会未在规定的截止日期前将其附属俱乐部进行培训等级分类，它可能会受到合规程序的影响。请参阅 2015 年 3 月 6 日的国际足联第 1478 号通函中列出的行政制裁程序（ASP）。

2. 设置注册期

（1）职业比赛

根据 RSTP 第 6 条第 1、2 款，各协会必须在 2022 年 7 月 31 日之前，在 TMS 中为下一年（即 2023 年 1 月 1 日至 2023 年 12 月 31 日）设置两个注册期。

如果协会的当前赛季在 2022 年 7 月 31 日后才结束，则必须在本赛季的最后一天之后立即设置两个注册期（参见 2020 年 12 月 14 日的国际足联第 1743 号通函和 2021 年 3 月 26 日的国际足联第 1752 号通函）。

各协会可以为其男子和女子比赛设置不同的注册期（参见 2017 年 10 月 31 日的国际足联第 1601 号通函）。

根据 RSTP 第 6 条第 2 款和附件 3，两个注册期及赛季的开始和结束日期必须至少在生效前 12 个月通过 TMS 通知国际足联。

关于注册期的时间安排，请注意：

• 第一个注册期不得超过 12 周；

• 第二个注册期通常在赛季中期，不得超过 4 周；

• 在确定注册期时，各协会必须特别注其结束日期，如果注册期的结束日期是协会所在国家或地区的节假日或非工作日，则不能将注册期延长至下一个工作日，否则将导致协会超过相关的最长期限；以及

• 如果协会没有为特定性别的比赛设定注册期，为另一性别设定的注册期将不会自动适用。对于特定性别的比赛未规定注册期的，该协会将无法为该性别的球员注册。

如果协会未在 2022 年 7 月 31 日之前在 TMS 中设定注册期，国际足联可以自行设定日期（参见 RSTP 第 6 条第 2 款）。未能设置注册期也可

能导致启动行政制裁程序（ASP）。

各协会都有责任确保在 TMS 中录入注册期的准确性。国际足联仅认可 TMS 中包含的日期，而不考虑系统外进行的任何通信往来。如果注册期尚未开始，在特殊情况下，可以更改其日期。注册期一旦开始，就不得更改其日期。

（2）业余比赛

根据 RSTP 第 6 条第 4 款，各协会必须于 2022 年 7 月 31 日之前在 TMS 中为下一年（即 2023 年 1 月 1 日至 2023 年 12 月 31 日）设置注册期。

请注意：

• 有关注册期最长期限的规定不适用于纯业余比赛。因此，协会可能会决定为纯业余比赛设置一个涵盖整个赛季的单独的注册期。

• 如果协会未能为仅业余球员参加的比赛设定注册期，则将无法为参加这些比赛的俱乐部注册球员。职业比赛的注册期不适用于仅业余球员参加的比赛。

如果您对上述问题有任何疑问，请随时通过 psdfifa@fifa.org 联系球员身份部门。

感谢您的积极配合。

国际足联

秘书长法特玛·萨穆拉

第 1743 号通函《球员身份及转会规程》及《球员身份委员会和争议解决庭程序规则》修正案^①

2020 年 12 月 14 日

尊敬的先生/女士：

我们有幸通知您，国际足联理事会在 2020 年 12 月 4 日会议上通过了对《球员身份及转会规程》（RSTP）以及《球员身份委员会和争议解决庭程序规则》（《程序规则》）的几项修正案。以下段落简要列出了各项修正案。

所有修订将于 2021 年 1 月 1 日生效。

RSTP 和《程序规则》的修订版可在 legal. fifa. com 上获得。

一 RSTP 的修订

1. 女性职业球员的特殊劳动条件

对 RSTP 的一项重要补充是为女性职业球员引入了具体的劳动条件，即提供有关怀孕和生育的最低条件。修订内容规定了全球适用的最低标准，各会员协会都可以在其国内规程的基础上自主为女性球员提供更强有力的保护。

RSTP 现明确定义产假为至少 14 周的带薪假期，且产后至少休假 8 周。该最短期限符合国际劳工组织在 2000 年《保护生育公约》（第 183

---

① 文件来自国际足联官网：https://digitalhub. fifa. com/m/10abb49ec09c6744/original/pchzz mjnv5po1vaw8mar-pdf. pdf。

号）中的建议。

修改后的第 18 条第 7 款规定，除非适用的国家法律或劳资协议中规定了更有利的条件，否则在合同期限内，产假期间必须支付合同薪酬的三分之二。

新保护措施的核心内容载于修改后的第 18 之三条，其中涉及：

合同的效力不得以球员怀孕、妊娠或行使一般生育权为条件。

女性球员怀孕后的权利，特别是，怀孕的女性球员有权：选择继续提供体育服务或以其他方式提供服务。自主决定产假的开始日期；产假结束后继续从事足球活动。

俱乐部有义务为产后的女性球员在产假结束后进行母乳喂养和/或哺乳提供恰当的设施。

特别保护女性球员不因怀孕或备孕、休产假或行使一般生育权而终止合同，以及规定俱乐部违反该规定的重大经济和体育后果。

最后，在此背景下，第 6 条第 1 款的修订内容规定了一种可能的特殊情况，即可以在注册期外注册女性球员，以暂时替换休产假的球员或者重新注册休完产假的球员。要求各协会必须相应地调整其国内规程。应优先考虑休完产假重返赛场的女性球员参加国内比赛的资格。

除非根据国家法律提供更优条件，上述修订内容在国家层面具有约束力，并且必须在生效后 6 个月内在国内实施。

2. 教练的新监管框架

RSTP 的第二个重要补充是加入新的教练监管框架，这一框架被纳入修订后的附件 8。

针对足球教练提供最低限度的监管框架，为教练与俱乐部或协会的雇佣关系创造了法律确定性，同时也有助于国际足联相关机构解决雇佣相关争议。

作为新框架的一部分，"教练"、"职业俱乐部"和"纯业余俱乐部"等术语现在被明确定义；规定了雇佣合同的最低标准；教练现在能够从逾期支付和执行国际足联裁决方面的特定法律框架中受益。

这些新规定将适用于教练与职业俱乐部或协会之间的雇佣关系，对十一人制足球教练和五人制足球教练均适用。

3. 未成年球员国际转会的新例外

对于禁止 18 周岁以下球员国际转会的一般性规定，新增了一种例外情况，即允许 16—18 周岁球员在同一国家的两个协会之间转会。

只有在满足某些最低义务的情况下，才允许在这种情况下转会。这些与适用于欧盟或欧洲经济区内 16—18 周岁未成年球员转会的规定相同。

4. 国际足联机构对裁决的未付款项或赔偿金的执行

对第 12 之一条和第 24 之一条进行了修订，并在第 24 之二条和新附件 8 第 8 条中引入了新的执行规定，以根据从近期经验中吸取的实际经验教训改进执行程序。最相关的修订内容为：

索赔请求（或反索赔请求）现在必须包含一张银行账户登记表（可在 legal. fifa. com 上获取），其中提供了任何申请人的详细银行信息。胜诉方将不再需要向债务人发送其银行详细信息。

如果债务人未能在收到裁决通知后 45 天内全额付款，并且债权人已要求强制执行未能遵守裁决的制裁措施，将在国际足联通知后立即适用这些制裁措施，为免生疑问，如果是在正在进行的注册期内进行申请，也将立即适用。

根据《程序规则》，相关制裁措施同样适用于在接受国际足联总秘书处的提议后发出的确认函。

5. RSTP 的其他修订内容

最后，请注意 RSTP 的技术修订，其中包括：

为确保采用有效、一致的方法，为未来引入清算所做准备，对 RSTP 进行了修订。其中包括对现有定义的修订和新定义的添加，以及对培训补偿和联合机制补偿计算方法的修订。自 2021 年 1 月 1 日起，青训补偿以球员生日的日历年计算，而非以赛季计算。

明确第一个注册期从赛季的第一天开始，且所有转会只能在注册期内进行，但规定的例外情况除外。

更名修订，以反映 TMS 部门更名为监管执行部门。

对附件 3 中关于在转会匹配系统（TMS）中及时上传强制性文件的少量修订。

对附件 6 进行稍作补充，为没有 TMS 账户的俱乐部提供公平索赔程序，并确保该程序的执行。

二　《程序规则》的修订

对《程序规则》第 9 条和第 13 条进行了修订，以保证程序正当并提高程序效率。简而言之，规定如下：

作为一般规则，各方之间只有一次通信往来，极少数情况下例外。

如果被申请人想提出反索赔请求，则必须在提交对原请求答辩的同一截止日期内提出反索赔请求，并且必须确保反索赔请求满足索赔请求的所有形式要求。

如果现有案件的被申请人提交了与现有案件相关的新索赔请求，则新索赔请求应与现有案件合并，并作为反索赔请求处理。如果被申请人已被要求对现有案件做出答辩，则必须在与提交对原索赔请求答辩的相同截止日期内提交新的索赔请求，以便得到考虑（纳入现有程序并作为反索赔请求处理）。

国际足联总秘书处在青训补偿纠纷中的提议，现在也适用于非复杂的合同纠纷。

如果您在这方面有任何疑问，请随时通过 legal@fifa.org 与我们联系。

感谢您对上述内容的关注，并通知您的附属俱乐部。

国际足联

秘书长法特玛·萨穆拉

第 1689 号通函《球员身份委员会和争议解决庭程序规则》第 13 条——国际足联管理部门在有关培训补偿和联合机制补偿索赔方面的提议[①]

2019 年 8 月 21 日

尊敬的先生/女士：

在计算培训补偿和联合机制补偿金额的有关争议中，《球员身份委员会和争议解决庭程序规则》(《程序规则》) 第 13 条授予国际足联球员身份部门（PSD）向参与仲裁程序的各方提供书面提议的权力。

考虑到程序经济的原则，引入《球员身份委员会和争议解决庭程序规则》第 13 条，是为了在没有复杂的事实或法律问题的情况下，加快培训补偿和联合机制补偿案件的裁决过程。相关条款授予 PSD 向争议各方作出书面提议的权力。如果各方接受提议，或各方未能在截止日期内作出答复，该提议将在发出通知 15 天后具有最终约束力。

《球员身份委员会和争议解决庭程序规则》第 13 条内容为：

13　国际足联管理部门的提议

1. 争议中：对于不涉及复杂事实和法律问题的培训补偿和联合机制补偿案件，或 DRC 已经有明确判例的案件，国际足联管理部门（即球员身份部门）在不影响双方权利的情况下，就争议金额和计算方式做出书面提议。同时，应告知各方在收到国际足联提议后 15 日内，可书面请求相关机构做出正式裁决，如限期未能提交请求，视为接受国际足联提议且

[①]　文件来自国际足联官网：https://digitalhub.fifa.com/m/5ef546eb72e4d103/original/dukimjd77uqrjl0qgxwt-pdf.pdf。

该提议对各方具有约束力。

2. 如果一方请求正式裁决，将根据本条例的规定启动仲裁程序。

《球员身份委员会和争议解决庭程序规则》第 13 条可能迅速、有效地解决相当多的培训补偿和联合机制补偿争议。

鉴于上述情况，对于所有培训补偿和联合机制补偿索赔请求，若不涉及复杂事实或法律问题，PSD 将立即开始适用《球员身份委员会和争议解决庭程序规则》第 13 条。

具体而言，与上述索赔相关的程序如下：

a) 收到索赔

根据《球员身份及转会规程》（RSTP）附件 6 第 1 条第 1 款，各方仍需要通过转会匹配系统（TMS）提交联合机制补偿和/或培训补偿索赔请求。索赔请求中必须包含 RSTP 附件 6 第 5 条第 2 款、第 6 条第 2 款及《球员身份委员会和争议解决庭程序规则》第 9 条第 1 款中规定的所有强制性文件和信息。

一旦 PSD 收到完整的索赔请求，就会对索赔进行分析，以确定：（i）它不涉及任何复杂的法律或事实问题，以及（ii）从表面上看，已满足有权获得培训补偿或联合机制补偿的所有监管要求。

b) PSD 根据《球员身份委员会和争议解决庭程序规则》第 13 条和/或被申请人俱乐部对索赔的立场进行提议

如果满足上述两项条件，PSD 将向被申请人转交索赔请求，同时将通过 TMS 向当事方提供一份书面提议，根据索赔的性质（即培训补偿或联合机制补偿），提议将特别包含以下信息：

——索赔所涉及的转会日期和俱乐部；

——在球员转会范围内支付的相关金额；

——根据随索赔所附的官方球员参赛证，球员在申请人处的注册日期；

——相关体育赛季的日期；

——申请人有权获得的培训补偿/联合机制补偿的百分比；

——球员在被申请人注册的日期；

——申请人和/或被申请人的培训等级；

——根据 RSTP 第 20 条和第 21 条，应付的培训补偿或联合机制补偿的金额。

一旦通过 TMS 将 PSD 的提议通知各方，各方将有 15 天的时间接受或拒绝该提议，并提供拒绝的合理理由。如果一方拒绝该提议，将根据《球员身份委员会和争议解决庭程序规则》中的相关规定继续进行仲裁程序。在被申请人俱乐部拒绝的情况下，被申请人俱乐部应在规定时间内说明其对索赔申请的立场。

我们希望指出，如果一方拒绝提议，该提议并不会影响主管裁决机构可能通过的任何正式裁决。

通过 TMS 发出通知后的 15 天内，若没有任何一方拒绝 PSD 的提议，该提议将对各方具有约束力。

最后，我们希望提醒您，根据 RSTP 附件 6 的第 2 条第 1 款，所有俱乐部和会员协会都应至少每三天定期检查 TMS 中的"索赔请求"项。

感谢您注意到上述内容，并相应地通知您的附属俱乐部。

国际足联

副秘书长（行政）阿拉斯戴尔·贝尔

第 1686 号通函《球员身份及转会规程》第 24 之一条——对 FIFA 球员身份部门裁决的未付款项或赔偿金的执行①

2019 年 8 月 8 日

尊敬的女士/先生：

正如我们通过国际足联第 1625 号通函通知您的，在 2018 年 3 月 16 日于哥伦比亚波哥大举行的会议上，国际足联理事会批准了对《球员身份及转会规程》（RSTP）的若干修正案，并于 2018 年 6 月 1 日生效。

一项重要的修订是引入了 RSTP 第 24 之一条，该条授予争议解决庭（DRC）、球员身份委员会（PSC）及其各自的法官（裁决机构）权力，以决定任何俱乐部或球员未能遵守上述裁决机构发布的经济仲裁裁决的后果。其主要目标是确保迅速执行裁决，避免不必要的拖延。

RSTP 第 24 之一条适用于所有俱乐部与球员之间的雇佣争议、俱乐部之间的争议（2018 年 6 月 1 日后提交给国际足联），以及联合机制补偿和培训补偿的相关争议（其中球员要于 2018 年 6 月 1 口后在新俱乐部注册）。

RSTP 第 24 之一条不适用于根据 RSTP 第 17 条实施的体育制裁（注册禁令或限制参加官方比赛）的裁决，将继续由纪律委员会执行此类体育制裁。

同样重要的是，RSTP 第 24 之一条中的后果是关于争议实质裁决的一部分。因此，根据《国际足联章程》第 58 条，应在收到有理由的裁决通

---

① 文件来自国际足联官网：https://digitalhub.fifa.com/m/78b6ac982dd5eb80/original/ayll8gaajfgg22dh4gih-pdf.pdf。

知后的 21 天内提出任何针对相关裁决的可能上诉（包括 RSTP 第 24 之一条的适用）。

RSTP 第 24 之一条的实施

首先，RSTP 第 24 之一条规定如下：

24 之一 对裁决的未付款项或赔偿金的执行

1. 当球员身份委员会、争议解决庭、独任法官或 DRC 法官（视情况）指示一方（俱乐部或球员）向另一方（俱乐部或球员）支付一定款项（欠付款项或者赔偿金）时，还应当裁决未能及时支付相关款项的后果。

2. 应将此类后果写入裁决中，具体包括：

针对俱乐部，在尚未支付应付款项前，禁止俱乐部注册任何国内或国际的新球员。注册禁令的总体期限（包括可能的体育制裁）最长可达完整及连续的三个注册期。

针对球员，在尚未支付应付款项前，禁止其参加任何官方比赛。禁赛处罚（包括可能的体育制裁）最长可达六个月。

3. 一旦支付应付款项，注册禁令或禁赛处罚将在执行完毕前解除。

4. 在债权人向债务人提供了付款所需的银行详细信息后，如果债务人在 45 天内未支付应付款项，且相关裁决已具有最终约束力，则将适用注册禁令或禁赛处罚。

a）基本原则

i. 裁决须具有最终约束力

自债权人收到裁决通知后向债务人提供相关银行详细资料之日起计算 45 天的付款期限。

值得注意的是，只有经济仲裁裁决具有最终约束力后才能进入执行程序。在实践中，这意味着申请裁决理由或向国际体育仲裁院（CAS）提出上诉，应立即中止 RSTP 第 24 之一条对裁决的未付款项或赔偿金的执行，直到该裁决具有最终约束力才能执行。

ii. 债权人必须向债务人提供付款的银行详细资料

在收到经济仲裁裁决通知后，债权人应立即直接通知债务人其收款银行账户。同时，债权人还有责任将债务人 45 天付款期限的开始时间通知国际足联球员身份部门（PSD）。

PSD 绝不会充当中间人，将相关银行详细信息转发给债务人。

如果要向法定代表人的银行账户支付应付款项，则应在最近签发并正式签署的特定授权书中明确说明。

iii. 债务人在 45 天内付款后必须通知国际足联

为避免启动不必要的执行程序，债务人应通知 PSD 其已及时支付拖欠债权人的款项。收到该通知后，PSD 会联系债权人，并要求其在接下来的五日内确认是否已收到款项。债权人确认收到款项或五日内未作答复，PSD 应当结案。

在债务人未提供任何信息的情况下，45 天期满后，注册禁令或禁赛处罚将生效。

b）执行程序

鉴于上述原则，应按照 RSTP 第 24 之一条对裁决的未付款项或赔偿金予以执行，具体程序如下：

i. 债权人已向国际足联提供证据证明其已将银行详细信息转发债务人

如前所述，一旦债权人通知 PSD 其已将银行详细信息告知债务人，PSD 将确定 45 天期限，在此期间债务人应支付相应款项。

如果在上述期限届满时，债务人没有向 PSD 提供证据证明已按照裁决支付款项，PSD 将通知债务人注册禁令或禁赛处罚已生效。

ii. 债权人未向国际足联提供证据证明其已将银行详细信息转发债务人

若没有证据表明债权人已将银行详细信息转发给债务人，则 PSD 无法确定付款的 45 天期限，也无法执行 RSTP 第 24 之一条的相关制裁措施。

iii. 通知相关会员协会实施注册禁令或禁赛处罚

如果注册禁令生效，PSD 还应立即以书面形式通知各会员协会，并要求会员协会确保在国内和国际层面执行该禁令。这同样适用于禁止球员参加官方比赛。此外，注册禁令将录入转会匹配系统（TMS）中。

iv. 实施注册禁令或禁赛处罚后全额付款

如果根据有最终约束力的裁决全额支付应付款项及利息（如有），则应立即解除注册禁令或禁赛处罚。在这种情况下，PSD 还应立即通知相关会员协会，如果有注册禁令，PSD 还应确保更新 TMS 中的相关信息。

感谢您注意到上述内容，并相应地通知您的附属俱乐部。

国际足联

秘书长法特玛·萨穆拉

第 1635 号通函球员国际转会^①

2018 年 6 月 8 日

尊敬的先生/女士：

本部分涉及球员国际转会的管理程序，特别是关于难民和"受保护人士"，以及《球员身份及转会规程》（RSTP）附件 3 第 8.2 条第 1 款关于在国际转会匹配系统（ITMS）中及时上传强制性文件的规定，特别是球员与其原俱乐部签署的证据，证明球员的经济权利不存在第三方所有权（TPO）。

1. 难民和"受保护人士"

我们希望提醒您，原则上，球员（未成年球员或 18 周岁以上球员）由于人道主义原因进行的所有国际转会，即出于特定的人道主义原因，比如因种族、宗教、国籍、属于特定社会群体或对特定政治观点的信仰使他/她的生命或自由受到威胁，不得不逃离其原籍国且无法指望其返回该国的情况下，必须从他/她的原俱乐部所属协会获得国际转会证明（ITC）。

但是，在这种情况下，不仅必须保证打算为其某一附属俱乐部注册球员的协会遵守管理球员国际转会行政程序的相关规定（参见 RSTP 第 9 条第 1 款、附件 3、附件 3a 及第 2 条第 2 款），而且要保证球员原籍国政府和原俱乐部不会因 ITC 程序而知晓球员的下落，否则可能会危及球员及其家人的安全。

因此，作为严格适用 RSTP 相关条款的例外情况，相关球员打算注册

---

① 文件来自国际足联官网：https://digitalhub.fifa.com/m/7af3740ef84e833/original/hyk6n3kadomjksysfn6u-pdf.pdf。

的俱乐部所在会员协会必须直接请求国际足联球员身份部门（FIFA PSD）介入（将 PDF 文件以邮件附件形式发送至 psdfifa@fifa.org），而不是向球员原籍国的原俱乐部所在的协会索要 ITC。在提出介入请求的同时，新协会必须提供相关的书面证据，以证实所涉球员已被新协会所在国主管部门授予"受保护人士"的身份。

收到此类书面证据后，FIFA PSD 将介入程序并联系球员的原协会，该协会通常会参与 ITC 签发程序。FIFA PSD 将询问该球员是否确实曾在其某一家附属俱乐部注册，但不会透露该球员打算注册的协会和俱乐部。如果 FIFA PSD 没有收到原协会的任何答复，则只能假设该球员从未在该协会注册过。

如果在这些程序中，没有收到原协会的答复（见上段）或收到原协会的否定答复（确认不存在该球员的注册记录），在得到 FIFA PSD 的确认后，打算注册球员的协会可以在严格遵守 RSTP 中规定其他所有注册先决条件的前提下继续注册球员，而无须原协会签发 ITC，也无须球员身份委员会独任法官就球员在新俱乐部注册进行裁决。

但是，如果原协会通知 FIFA PSD，该球员此前曾在其附属俱乐部注册并提供相关书面证据，FIFA PSD 将把此案提交给球员身份委员会的独任法官审议，并就批准球员在新俱乐部注册做出正式裁决，显然也不会透露球员的去向。

这种方法适用于所有女性、男性难民或"受保护人士"，无论他们是职业球员还是业余球员，也无论他们是否属于十一人制足球的范围。

尽管如此，为了完整起见，我们想补充一点，如果有关球员申请在新俱乐部所属会员协会注册前，在原俱乐部已终止足球活动 30 个月以上，则不再认为他/她在其原籍国的原俱乐部所属协会注册（参见 RSTP 第 4 条）。在这种情况下，他/她在新俱乐部注册将不需要签发 ITC（球员的首次注册）。

最后，我们想指出，为了避免未成年球员及其家人可能出现的安全问题，如果新协会在未成年球员国际转会前通过 ITMS 提交出于人道主义原因的球员迁居申请（如果他/她之前在其原籍国协会或任何其他协会注册），原协会将无法访问其中的信息，也不会邀请该协会提供意见，该协会也不会收到球员身份下设委员会的裁决（参见 2017 年 2 月 23 日的 FIFA TMS 7.7—放行说明）。

2. 尽最大努力从原俱乐部获得"无 TPO 的证明"

我们也提醒您注意 RSTP 附件 3 第 8.2 条第 1 款，根据该条款，允许新协会索要 ITC 的所有数据，均应在该协会设定的某个注册期间，由希望为该球员注册的俱乐部输入 TMS 并得到确认和匹配。此外，根据上述规定，新俱乐部在录入相关数据时，必须根据所选指令类型上传相关强制性文件。

根据上述规定，球员与其原俱乐部签署的球员经济权利不存在第三方所有权（TPO）的证明属于强制性文件，新俱乐部必须在所有类型的转会指令中及时上传该文件。如果新俱乐部无法从原俱乐部获得此"无 TPO 证明"文件，则至少必须在 TMS 相关转会指令中上传证据，证明其已尽最大努力从原俱乐部获得此"无 TPO 证明"文件（参见 2017 年 11 月 15 日第 111 号 TMS 新闻月刊）。

为了避免在这一问题上可能出现的任何误解，我们希望补充一点，即必须在相关协会规定的注册期内，将新俱乐部已尽最大努力从原俱乐部获得"无 TPO 证明"文件的相关书面证据，上传至 TMS 转会指令中。

为了保证程序的正确性，防止相应注册程序可能出现任何问题，我们请您充分注意这些说明，并相应地通知您的附属俱乐部。

如对上述内容有任何疑问，请随时联系 FIFA PSD。

感谢您的关注。

国际足联

秘书长法特玛·萨穆拉

第 1587 号通函未成年职业球员国际转会①

2017 年 6 月 13 日

尊敬的先生/女士：

    本部分涉及俱乐部所在协会为未成年球员注册的国际转会管理程序。为避免今后在此问题上可能产生的任何误解，我们对《球员身份及转会规程》（RSTP）的适用条款解释如下。

    球员身份委员会下设委员会（以下简称下设委员会）的批准是任何未成年球员国际转会的强制性要求，必须在索要国际转会证明（ITC；参见 RSTP 第 19 条第 4 款）前获批。

    在这方面，我们想指出：在相关注册期内，在转会匹配系统（TMS）中创建相关转会指令时，如果俱乐部希望将未成年球员注册为职业球员，则俱乐部有义务输入所有强制性数据并上传所有强制性文件以支持 TMS 内的信息，而 RSTP 第 19 条第 4 款并不影响这项规则的内容和适用性。换言之，有关注册期的规定适用于任何球员的注册，无论该球员是否是未成年球员。

    我们特别提请您关注 RSTP 附件 3 第 8.2 条第 1 款以及附件 3 第 4 条第 2、3 款，这些条款尤其规定，供新协会索要 ITC（包括为未成年职业球员索要 ITC）的所有转会指令的相关数据，均应在会员协会设定的某个注册期内，由希望为该球员注册的俱乐部录入 TMS。在录入相关数据时，新俱乐部应根据所选的指令类型，在相关注册期结束前上传所有强制性文件。向下设委员会提出的必要申请并不免除新俱乐部的上述义务和遵守此类期限的义务。

---

① 文件来自国际足联官网：https://digitalhub.fifa.com/m/32184f1d988c4e5f/original/spbks 83p0hwcgzarlvo4-pdf.pdf。

此外，考虑到 RSTP 的上述规定，我们想强调的是，下设委员会决定接受相关批准申请并通过 TMS 通知有关会员协会后，希望将未成年球员注册为职业球员的俱乐部须立即确认并匹配 TMS 中的相关数据。请注意，相关协会有责任立即将下设委员会通过 TMS 发出的通知转发其附属俱乐部（参见 RSTP 附件 2 第 2 条）。

但是，由于 RSTP 第 19 条第 4 款规定，在为未成年球员索要 ITC 之前，必须先获得下设委员会的批准，而下设委员会需要一定的时间处理、决定相关未成年球员申请，因此相关协会在注册期结束后索要 ITC 是合理的（如适用）。

如果下设委员会的有关决定获得通过，并在该注册期间通知相关会员协会，会导致新俱乐部在该注册期结束前不仅要在 TMS 中输入相关数据，还要进行确认和匹配，以便新协会能够按时（即在该注册期结束之前）在 TMS 中为未成年球员索要 ITC（参见 RSTP 附件 3 第 4 条第 5 款和附件 3 第 8.1 条第 2 款），新协会无权在相关注册期外为未成年球员索要 ITC。

但是，如果下设委员会在该注册期结束后才通过相关决定并通知有关会员协会，新俱乐部可以在该注册期结束后确认并匹配 TMS 中的相关数据，就这种情况而言，新协会可能有权在相关注册期结束后索要 ITC。

防止在适用 RSTP 相关条款和相应注册程序方面出现任何潜在问题，我们恳请您注意这些说明，并通知您的附属俱乐部，尤其是那些打算将未成年球员注册为职业球员的俱乐部。

如果您对上述问题有任何疑问，请随时联系国际足联球员身份部门。

国际足联

副秘书长马尔科·维利格

第 1249 号通函《球员身份及转会规程》——培训补偿及俱乐部分类①

2010 年 12 月 6 日

尊敬的先生/女士：

关于上述问题，我们有幸通知您，2010 年 10 月 28—29 日在国际足联总部举行的会议之际，国际足联执行委员会同意提醒所有会员协会，就培训补偿而对附属俱乐部进行分类时应考虑一定的原则和指导方针。

《球员身份及转会规程》（RSTP）附件 4 第 4 条第 1 款规定如下：

"为计算培训补偿，会员协会应依据培训球员的投资情况，将其俱乐部最多分为四个等级。"

在与所有利益相关方（即会员协会、俱乐部和联赛以及球员协会）协商后，国际足联着手将现有类别发送给各会员协会。国际足联每年都会以通函的形式向所有协会通知相关分类情况。最近一次为 2010 年 4 月 29 日发出的第 1223 号通函。

《2001 年版 RSTP 适用管理规则》首次确立了将各俱乐部划分为不同培训类别的依据，并通过 2002 年 3 月 19 日的第 799 号通函提请各会员协会注意。

尽管在 RSTP 中不再有明确的规定，但相关原则仍然适用，并且近年来没有改变。因此，在对其俱乐部进行培训类别归类时，会员协会应充分尊重以下标准。

等级 1（顶级，例如有高质量的训练中心）：

——会员协会的所有一级俱乐部，且在培训球员方面的平均投入金额相差无几。

---

① 文件来自国际足联官网：https://digitalhub.fifa.com/m/57a6f0b6590f28cf/original/f9rjjtqvl6dcxdlnbadi-pdf.pdf。

等级 2（职业级，但次于上一级）：

——等级 1 会员协会的所有二级俱乐部以及其他所有国家职业足球俱乐部中的一级俱乐部。

等级 3：

——等级 1 会员协会的所有三级俱乐部以及其他所有国家职业足球俱乐部中的二级俱乐部。

等级 4：

——等级 1 会员协会的所有四级和低级别俱乐部，其他所有国家职业足球俱乐部中的所有三级和低级别俱乐部，以及在只有业余足球的国家的所有俱乐部。

这些指导方针具有一定程度的灵活性。例如，如果一家较低级别的俱乐部在培养年轻球员方面的投入与较高级别俱乐部相似，那么它可能会与较高级别俱乐部归为一个等级。

此外，国际足联执行委员会承认，近来争议解决庭（DRC）面临越来越多的案件，这些案件中，上述指导方针与被申请人俱乐部的实际所属类别存在明显差异（例如，没有高质量训练中心但有成熟职业足球体系的会员协会一级俱乐部被划分到等级 3 甚至等级 4，而不是等级 2）。这一趋势必须结合 RSTP 的修正案来看待，根据该修正案，作为一般规则，在计算应付给球员原俱乐部的培训补偿时，应当考虑若新俱乐部自己培训球员将承担的费用（参见 RSTP 附件 4 第 5 条第 1 款）。此外，RSTP 附件 4 第 2 条第 2 款 ii 项规定，如果球员转会到等级 4 俱乐部，则无须支付培训补偿。

在这种存在明显差异的情况下，尽管相关会员协会已将俱乐部归于某一等级，但 DRC 通常会根据指导方针重新确定培训等级。

鉴于上述情况，国际足联执行委员会强调，对各俱乐部进行适当的培训等级分类对于整个培训补偿制度的公平和良好运作必不可少。同时，如果 DRC 认为可能发生了系统性、明显滥用该制度的行为，国际足联执行委员会认为应发布指令，授权 DRC 将此案提交国际足联纪律委员会进行进一步调查。

感谢您对上述内容的关注。

国际足联

副秘书长马库斯·卡特纳

第 1171 号通函职业足球运动员
合同最低要求①

2008 年 11 月 24 日

尊敬的先生/女士：

我们有幸通知您，国际足联执行委员会在 2008 年 10 月 24 日举行的最近一次会议上，讨论了在全球范围内为职业足球运动员的雇佣关系制定最低标准的重要性。

在这方面，随函附上国际足联执行委员会支持的职业足球运动员合同最低要求的文件。

这些职业球员合同的最低要求属于一项指导方针，旨在确定合同双方（职业球员和俱乐部）最重要与最基本的权利和义务。因此，所附文件是最低标准，应作为会员协会和有关各方进一步讨论的基础。

尽管最终是由合同当事方（俱乐部和球员）或其代表组织就劳资协议或每份球员合同的最终措辞（如适用）达成一致，但我们鼓励所有会员协会确保国际足联执行委员会支持的所有最低要求在合同中得到体现，并作为最低要求由各方达成一致。

如果您对此有任何疑问，请随时与我们联系。

感谢您的关注和配合。

国际足联

秘书长杰罗姆·瓦尔克

---

① 文件来自国际足联官网：https://digitalhub.fifa.com/m/934c77c17126323/original/fpxmgfy6clfifyrnxteh-pdf.pdf。

第三篇

国际足联常规问题的
答复意见

球员身份委员会常规问题的答复意见

一 隶属不同协会的俱乐部之间逾期支付的争议常见问答①

根据《球员身份及转会规程》（2015 年版）第 12 之一条，俱乐部必须按照与其职业球员签订的合同以及转会协议中规定的条款，履行对球员和其他俱乐部的财务义务。为了使俱乐部被认定构成第 12 之一条的逾期支付，债权人（球员或俱乐部）必须向债务人俱乐部发送书面违约通知，并给予其至少 10 天的履行宽限期。

1. 向球员身份委员会（PSC）提出逾期支付的索赔请求时需要哪些材料？

i. 当事方的详细联系方式，例如姓名/名称、详细地址和传真号；

ii. 法定代理人的姓名和地址（如适用），并附一份最新签发的翔实授权委托书；

iii. 动议或者索赔请求；

iv. 案件陈述、提出动议或者索赔请求的理由、证据材料；

v. 与争议有关的所有文件，如合同和双方之前与案件相关的往来信函的原件，并酌情译成 FIFA 四种官方语言（英语、法语、西班牙语或德语）中的任何一种；

vi. 发送书面违约通知的证明，告知债务人俱乐部索赔款项已逾期 30 日，并给予债务人俱乐部 10 日的履行宽限期；

---

① 文件来自国际足联官网：https://digitalhub.fifa.com/m/2f48bbbe8c51f1b7/original/vge7iz rrckz90xihqiqn-pdf.pdf。

vii. 案件涉及的其他自然人和法人的姓名（名称）和地址（作为证据）；

viii. 确切的争议金额，包括索赔的具体细目；

ix. 相关预付费用的支付凭证；

x. 日期以及有效签名。

2. 提交索赔请求时使用何种语言？

提交至 PSC 的所有文件均应为 FIFA 四种官方语言（英语、法语、西班牙语或德语）之一的文件或译本。

3. 在仲裁程序中，一方能否指定代理人？以及授权委托书有哪些要求？

仲裁中各方均可指定一名代理人。该代理人须持有最新签发的翔实书面授权委托书。

授权委托书必须授权代理人代表当事方处理 FIFA 裁决机构的相关事宜。

上述授权委托书应当是最新签发，并明确提及争议当事方，且必须由相关当事方签字并注明日期。

4. 提交索赔请求的截止日期为什么时候？

必须在引起争议的事实发生之日起 2 年内向 PSC 提交索赔请求。

上述截止日期以 FIFA 通过传真、平邮或快递收到索赔请求之日为准。

5. PSC 逾期支付程序的程序费用为多少？

争议金额最高为 50000 瑞士法郎	程序费用最高为 5000 瑞士法郎
争议金额最高为 100000 瑞士法郎	程序费用最高为 10000 瑞士法郎
争议金额最高为 150000 瑞士法郎	程序费用最高为 15000 瑞士法郎
争议金额最高为 200000 瑞士法郎	程序费用最高为 20000 瑞士法郎
争议金额在 200001 瑞士法郎以上	程序费用最高为 25000 瑞士法郎

6. 预付费用为多少？

i. 预付费用根据争议金额计算如下：

争议金额最高为 50000 瑞士法郎	预付费用：1000 瑞士法郎
争议金额最高为 100000 瑞士法郎	预付费用：2000 瑞士法郎

续表

争议金额最高为 150000 瑞士法郎	预付费用：3000 瑞士法郎
争议金额最高为 200000 瑞士法郎	预付费用：4000 瑞士法郎
争议金额在 200001 瑞士法郎以上	预付费用：5000 瑞士法郎

ii. 预付费用应存入以下账户，并明确注明争议各方：

UBS Zurich

账号：366. 677. 01U（FIFA Players' Status）

结算号：230

IBAN：CH27 0023 0230 3666 7701U

SWIFT：UBSWCHZH80A

争议当事方：＿＿＿＿＿＿＿＿＿

7. PSC 逾期支付诉讼程序采用何种形式？

一般情况下，程序将以书面形式进行。

8. 由谁承担举证责任？

当事方对其主张的事实提起索赔请求的，应当承担举证责任，并提供任何其认为有用的书面证据，必要时附上国际足联四种官方语言（英语、法语、西班牙语或德语）之一的译本。

9. 逾期支付争议相关的裁决将以何种形式通知各方？

逾期支付争议相关的裁决通过传真、挂号信或快递通知各方。

应通知各方，上诉期限自收到有理由的裁决后起算。

10. 如果胜诉，PSC 是否会裁决律师费？

否，PSC 不会裁决参与仲裁程序的相关费用。

11. 是否可以对 PSC 的裁决提出上诉？

针对 PSC（包括独任法官）作出的有理由裁决，可向瑞士洛桑的国际体育仲裁院（CAS）提出上诉。

12. 若一方不遵守 PSC 逾期支付裁决该如何处理？

债权人俱乐部需书面联系国际足联球员身份和管理部门，要求纪律委员会协助执行具有最终约束力的国际足联裁决。

债权人俱乐部需提供证据，证明其已向债务人俱乐部提供相关付款账户信息。

二 隶属不同协会的俱乐部之间除 ITC 索要、培训 补偿和联合机制补偿外的争议常见问答①

本部分涉及隶属不同会员协会的俱乐部之间的争议，但不涉及 ITC 索要，也不涉及相关方针对上述 ITC 索要，或者培训补偿、联合机制补偿争议提出的索赔申请。

1. 向球员身份委员会（PSC）提出索赔请求时需要哪些材料？

i. 当事方的详细联系方式，例如详细地址和传真号；

ii. 法定代理人的姓名和地址（如适用），并附一份最新签发的翔实授权委托书；

iii. 动议或者索赔请求；

iv. 案件陈述、提出动议或者索赔请求的理由、证据材料；

v. 与争议有关的所有文件，如合同和双方之前与案件相关的往来信函的原件，并酌情译成 FIFA 四种官方语言（英语、法语、西班牙语或德语）中的任何一种；

vi. 案件涉及的其他自然人和法人的姓名（名称）和地址（作为证据）；

vii. 如果是经济纠纷，需提供确切的争议金额，包括索赔的具体细目；

viii. 由 PSC 或独任法官审理的任何程序的相关预付费用的支付凭证；

ix. 日期以及有效签名。

2. 提交索赔请求时使用何种语言？

提交至 PSC 的所有文件均应为国际足联四种官方语言（英语、法语、西班牙语或德语）之一的文件或译本。

3. 在仲裁程序中，一方能否指定代理人？以及授权委托书有哪些要求？

仲裁中各方均可指定一名代理人。该代理人须持有书面授权委托书。

---

① 文件来自国际足联官网：https://digitalhub.fifa.com/m/136d9da48fd2eb94/original/wsnc vzvxls3cw2dkphzj-pdf.pdf。

授权委托书必须授权代理人代表当事方处理国际足联裁决机构的相关事宜。

上述授权委托书应当是最新签发，并明确提及争议当事方，且必须由相关当事方签字并注明日期。

4. 提交索赔请求的截止日期为什么时候？

必须在引起争议的事实发生之日起 2 年内向 PSC 提交索赔请求。

上述截止日期以国际足联通过传真或平邮收到索赔请求之日为准。

5. PSC 适用哪些法律？

PSC 适用《国际足联章程》和有关规则，同时考虑当事方国家层面所有相关的协定、法律和/或劳资协议，以及体育特殊性。

6. PSC 的程序费用为多少？

争议金额最高为 50000 瑞士法郎	程序费用最高为 5000 瑞士法郎
争议金额最高为 100000 瑞士法郎	程序费用最高为 10000 瑞士法郎
争议金额最高为 150000 瑞士法郎	程序费用最高为 15000 瑞士法郎
争议金额最高为 200000 瑞士法郎	程序费用最高为 20000 瑞士法郎
争议金额在 200001 瑞士法郎以上	程序费用最高为 25000 瑞士法郎

7. 预付费用为多少？

i. 预付费用根据争议金额计算如下：

争议金额最高为 50000 瑞士法郎	预付费用：1000 瑞士法郎
争议金额最高为 100000 瑞士法郎	预付费用：2000 瑞士法郎
争议金额最高为 150000 瑞士法郎	预付费用：3000 瑞士法郎
争议金额最高为 200000 瑞士法郎	预付费用：4000 瑞士法郎
争议金额在 200001 瑞士法郎以上	预付费用：5000 瑞士法郎

ii. 预付费用应存入以下账户，并明确注明争议各方：

UBS Zurich

账号：366.677.01U（FIFA Players' Status）

结算号：230

IBAN：CH27 0023 0230 3666 7701U

SWIFT：UBSWCHZH80A

争议当事方：＿＿＿＿＿＿＿＿＿＿＿＿＿

8. 同一事项涉及多方是否可以提交联合索赔请求？

不可以，各方需各自提交单独的索赔请求，说明理由并履行所有手续。

9. PSC 诉讼程序采取何种形式？

一般情况下，程序将以书面形式进行。

10. 由谁承担举证责任？

当事方对其主张的事实提起索赔请求的，应当承担举证责任，并提供任何其认为有用的书面证据，必要时附上国际足联四种官方语言（英语、法语、西班牙语或德语）之一的译本。

11. 裁决将以何种形式通知各方？

裁决将通过传真或挂号信通知各方。

应通知各方，自收到裁决结果之日起 10 日内，有权以书面形式请求裁决理由，如未在规定期限内做出请求，裁决将具有最终约束力。

12. 如果胜诉，PSC 是否会裁决律师费？

否，PSC 不会裁决参与仲裁程序的相关费用。

13. 是否可以对 PSC 的裁决提出上诉？

针对 PSC（包括独任法官）作出的有理由裁决，可向瑞士洛桑的国际体育仲裁院（CAS）提出上诉（详见 CAS 指南链接）。

14. 若一方不遵守 PSC 裁决该如何处理？

债权人需书面联系国际足联球员身份部门，要求纪律委员会协助执行具有最终约束力的国际足联裁决。

债权人需提供证据，证明其已向债务人提供相关付款账户信息。

三　俱乐部或协会与教练之间国际雇佣争议常见问答[①]

本部分涉及俱乐部或协会与教练之间的国际雇佣争议，除非在国内存

[①] 文件来自国际足联官网：https://digitalhub.fifa.com/m/8fcd85a1d65fe2a/original/nkv7h myfcfoiuxl9sg9p-pdf.pdf。

在确保程序公平的独立仲裁庭。

1. 向球员身份委员会（PSC）提出索赔请求时需要哪些材料？

i. 当事方的详细联系方式，例如详细地址和传真号；

ii. 法定代理人的姓名和地址（如适用），并附一份最新签发的翔实授权委托书；

iii. 动议或者索赔请求；

iv. 案件陈述、提出动议或者索赔请求的理由、证据材料；

v. 与争议有关的所有文件，如合同和双方之前与案件相关的往来信函原件，并酌情译成国际足联四种官方语言（英语、法语、西班牙语或德语）中的任何一种；

vi. 案件涉及的其他自然人和法人的姓名（名称）和地址（作为证据）；

vii. 如果是经济纠纷，需提供确切的争议金额，包括索赔的具体细目；

viii. 由 PSC 或独任法官审理的任何程序的相关预付费用的支付凭证；

ix. 日期以及有效签名。

2. 提交索赔请求时使用何种语言？

提交至 PSC 的所有文件均应为国际足联四种官方语言（英语、法语、西班牙语或德语）之一的文件或译本。

3. 在仲裁程序中，一方能否指定代理人？以及授权委托书有哪些要求是？

仲裁中各方均可指定一名代理人，该代理人须持有书面授权委托书。

授权委托书必须授权代理人代表当事方处理国际足联裁决机构的相关事宜。

上述授权委托书应当是最新签发，并明确提及争议当事方，且必须由相关当事方签字并注明日期。

4. 提交索赔请求的截止日期为什么时候？

必须在引起争议的事实发生之日起 2 年内向 PSC 提交索赔请求。

上述截止日期以国际足联通过传真或平邮收到索赔请求之日为准。

5. PSC 适用哪些法律？

PSC 适用《国际足联章程》和有关规则，同时考虑当事方国家层面所有相关的协定、法律和/或劳资协议，以及体育特殊性。

6. PSC 的程序费用为多少？

争议金额最高为 50000 瑞士法郎	程序费用最高为 5000 瑞士法郎
争议金额最高为 100000 瑞士法郎	程序费用最高为 10000 瑞士法郎
争议金额最高为 150000 瑞士法郎	程序费用最高为 15000 瑞士法郎
争议金额最高为 200000 瑞士法郎	程序费用最高为 20000 瑞士法郎
争议金额在 200001 瑞士法郎以上	程序费用最高为 25000 瑞士法郎

7. 预付费用为多少？

i. 预付费用根据争议金额计算如下：

争议金额最高为 50000 瑞士法郎	预付费用：1000 瑞士法郎
争议金额最高为 100000 瑞士法郎	预付费用：2000 瑞士法郎
争议金额最高为 150000 瑞士法郎	预付费用：3000 瑞士法郎
争议金额最高为 200000 瑞士法郎	预付费用：4000 瑞士法郎
争议金额在 200001 瑞士法郎以上	预付费用：5000 瑞士法郎

ii. 预付费用应存入以下账户，并明确注明争议各方：

UBS Zurich

账号：366. 677. 01U（FIFA Players' Status）

结算号：230

IBAN：CH27 0023 0230 3666 7701U

SWIFT：UBSWCHZH80A

争议当事方：＿＿＿＿＿＿＿＿＿＿＿

8. 同一事项涉及多方是否可以提交联合索赔请求？

不可以，各方需各自提交单独的索赔请求，说明理由并履行所有手续。

9. PSC 诉讼程序采取何种形式？

一般情况下，程序将以书面形式进行。

10. 由谁承担举证责任？

当事方对其主张的事实提起索赔请求的，应当承担举证责任，并提供任何其认为有用的书面证据，必要时附上国际足联四种官方语言（英语、法语、西班牙语或德语）之一的译本。

11. 裁决将以何种形式通知各方?

裁决将通过传真或挂号信通知各方。

应通知各方，自收到裁决结果之日起 10 日内，有权以书面形式请求裁决理由，如未在规定期限内做出请求，裁决将具有最终约束力。

12. 如果胜诉，PSC 是否会裁决律师费?

否，PSC 不会裁决参与仲裁程序的相关费用。

13. 是否可以对 PSC 的裁决提出上诉?

针对 PSC（包括独任法官）作出的有理由裁决，可向瑞士洛桑的国际体育仲裁院（CAS）提出上诉（详见 CAS 指南链接）。

14. 若一方不遵守 PSC 裁决该如何处理?

债权人需书面联系国际足联球员身份部门，要求纪律委员会协助执行具有最终约束力的国际足联裁决。

债权人需提供证据，证明其已向债务人提供相关付款账户信息。

争议解决庭常规问题的答复意见

一　俱乐部和球员之间国际雇佣争议常见问答①

本部分涉及俱乐部和球员之间国际雇佣争议，除非在协会和/或劳资协议框架内，国内已设立能够确保程序公平并且尊重球员和俱乐部平等代表权的独立仲裁庭。

1. 向争议解决庭（DRC）提出索赔请求时需要哪些材料？

i. 当事方的详细联系方式，例如详细地址和传真号；

ii. 法定代理人的姓名和地址（如适用），并附一份最新签发的翔实授权委托书；

iii. 动议或者索赔请求；

iv. 案件陈述、提出动议或者索赔请求的理由、证据材料；

v. 案件涉及的其他自然人和法人的姓名（名称）和地址（作为证据）；

vi. 如果是经济纠纷，需提供确切的争议金额，包括索赔的具体细目；

vii. 日期以及有效签名。

2. 提交索赔请求时使用何种语言？

提交至DRC的所有文件均应为国际足联四种官方语言（英语、法语、西班牙语或德语）之一的文件或译本。

3. 在仲裁程序中，一方能否指定代理人？以及授权委托书有哪些要求？

---

① 文件来自于国际足联官网：https://digitalhub.fifa.com/m/3f307ce87ff1546b/original/wf4fumyf0panferkasm2-pdf.pdf。

仲裁中各方均可指定一名代理人，该代理人须持有书面授权委托书。

授权委托书必须授权代理人代表当事方处理国际足联裁决机构的相关事宜。

上述授权委托书应当是最新签发，并明确提及争议当事方，且必须由相关当事方签字并注明日期。

4. 提交索赔请求的截止日期为什么时候？

必须在引起争议的事实发生之日起 2 年内向 DRC 提交索赔请求。

上述截止日期以国际足联通过传真或平邮收到索赔请求之日为准。

5. DRC 适用哪些法律？

DRC 适用《国际足联章程》和有关规则，同时考虑当事方国家层面所有相关的协定、法律和/或劳资协议，以及体育特殊性。

6. DRC 的程序费用为多少？

俱乐部和球员之间关于维持合同稳定性、以及俱乐部和球员之间的国际雇佣相关争议的 DRC 程序免费。

7. 同一事项涉及多方是否可以提交联合索赔请求？

不可以，各方需各自提交单独的索赔请求，说明理由并履行所有手续。

8. DRC 诉讼程序采取何种形式？

一般情况下，程序将以书面形式进行。

9. 由谁承担举证责任？

当事方对其主张的事实提起索赔请求的，应当承担举证责任，并提供任何其认为有用的书面证据，必要时附上国际足联四种官方语言（英语、法语、西班牙语或德语）之一的译本。

10. 裁决将以何种形式通知各方？

裁决将通过传真或挂号信通知各方。

应通知各方，自收到裁决结果之日起 10 日内，有权以书面形式请求裁决理由，如未在规定期限内做出请求，裁决将具有最终约束力。

11. 如果胜诉，DRC 是否会裁决律师费？

否，DRC 不会裁决参与仲裁程序的相关费用。

12. 是否可以对 DRC 的裁决提出上诉？

针对 DRC（包括独任法官）作出的有理由裁决，可向瑞士洛桑的国际体育仲裁院（CAS）提出上诉（详见 CAS 指南链接）。

13. 若一方不遵守 DRC 裁决该如何处理？

债权人需书面联系国际足联球员身份部门，要求纪律委员会协助执行具有最终约束力的国际足联裁决。债权人需提供证据，证明其已向债务人提供相关付款账户信息。

二　俱乐部和球员之间国际逾期支付争议常见问答①

根据《球员身份及转会规程》（2015 版）第 12 之一条，俱乐部必须根据与职业球员签订的合同和转会协议的条款，履行对球员和其他俱乐部的财务义务。为了使俱乐部被认定构成第 12 之一条的逾期支付，债权人（球员或俱乐部）必须向债务人俱乐部发送书面违约通知，并给予其至少 10 天的履行宽限期。

1. 向争议解决庭（DRC）提出逾期支付的索赔请求时需要哪些材料？

i. 当事方的详细联系方式，例如详细地址和传真号；

ii. 法定代理人的姓名和地址（如适用），并附一份最新签发的翔实授权委托书；

iii. 动议或者索赔请求；

iv. 案件陈述、提出动议或者索赔请求的理由、证据材料；

v. 与争议有关的所有文件，如合同和双方之前与案件相关的往来信函的原件，并酌情译成国际足联四种官方语言（英语、法语、西班牙语或德语）中的任何一种；

vi. 发送书面违约通知的证明，告知债务人俱乐部索赔款项已逾期 30 日，并给予债务人俱乐部 10 日的履行宽限期；

vii. 案件涉及的其他自然人和法人的姓名（名称）和地址（作为证据）；

viii. 确切的争议金额，包括索赔的具体细目；

ix. 日期以及有效签名。

2. 提交索赔请求时使用何种语言？

提交至 DRC 的所有文件均应为国际足联四种官方语言（英语、法语、

---

① 文件来自国际足联官网：https://digitalhub.fifa.com/m/9ebe1e0d80bb2ce/original/n1gim9isrmohvzq93kku-pdf.pdf。

西班牙语或德语）之一的文件或译本。

3. 在仲裁程序中，一方能否指定代理人？以及授权委托书有哪些要求？

仲裁中各方均可指定一名代理人。该代理人须持有书面授权委托书。

授权委托书必须授权代理人代表当事方处理国际足联裁决机构的相关事宜。

上述授权委托书应当是最新签发，并明确提及争议当事方，且必须由相关当事方签字并注明日期。

4. 提交索赔请求的截止日期为什么时候？

必须在引起争议的事实发生之日起 2 年内向 DRC 提交索赔请求。

上述截止日期以国际足联通过传真、平邮或快递收到索赔请求之日为准。

5. DRC 的程序费用为多少？

俱乐部和球员之间关于逾期支付的国际雇佣相关争议的 DRC 程序免费。

6. DRC 诉讼程序采取何种形式？

一般情况下，程序将以书面形式进行。

7. 由谁承担举证责任？

当事方对其主张的事实提起索赔请求的，应当承担举证责任，并提供任何其认为有用的书面证据，必要时附上国际足联四种官方语言（英语、法语、西班牙语或德语）之一的译本。

8. 逾期支付争议相关的裁决将以何种形式通知各方？

逾期支付争议相关的裁决通过传真、挂号信或快递通知各方。

应通知各方，上诉期限自收到有理由的裁决后起算。

9. 如果胜诉，DRC 是否会裁决律师费？

否，DRC 不会裁决参与仲裁程序的相关费用。

10. 是否可以对 DRC 的裁决提出上诉？

针对 DRC（包括独任法官）作出的有理由裁决，可向瑞士洛桑的国际体育仲裁院（CAS）提出上诉。

11. 若一方不遵守 DRC 逾期支付裁决该如何处理？

债权人（球员）需书面联系国际足联球员身份和管理部门，要求纪律委员会协助执行具有最终约束力的国际足联裁决。

债权人（球员）需提供证据，证明其已向债务人（俱乐部）提供相关付款账户信息。

12. 如果在逾期支付程序之前、期间或之后，单方面终止合同该如何处理？

逾期支付程序仅涉及俱乐部与球员之间关于合同关系存续期间或期满后未履行合同财务义务的国际雇佣争议。

根据 RSTP 第 12 之一条的规定，逾期支付仲裁程序不妨碍单方面终止合同情况下，根据 RSTP 第 17 条采取进一步措施。

三　联合机制补偿争议常见问答①

本部分涉及属于不同会员协会的俱乐部之间的联合机制补偿争议，或者球员转会纠纷发生在隶属不同会员协会的俱乐部之间、隶属于同一会员协会的俱乐部之间的联合机制补偿争议。

1. 向争议解决庭（DRC）提出索赔请求时需要哪些材料？

i. 当事方姓名或名称；

ii. 案件的详细陈述和索赔理由；

iii. 索赔所依据的转会确切日期（年/月/日）；

iv. 索赔所依据的相关转会俱乐部的信息；

v. 索赔的联合机制补偿百分比；

vi. 由申请人俱乐部所属会员协会出具的官方确认函，确认球员在申请人处注册期间的赛季开始和结束日期（例如，从 7 月 1 日至次年 6 月 30 日）；

vii. 相关协会关于球员在申请人俱乐部确切注册日期的书面确认函，即从哪一天（年/月/日）到哪一天（年/月/日），同时考虑到任何可能的中断，同时应注明球员的出生日期以及他在申请人俱乐部的身份（业余或职业）；

viii. 球员转会到新俱乐部的转会费，或者转会费尚不明确的声明；

---

① 文件来自国际足联官网：https：//digitalhub. fifa. com/m/7b78a28fb3b5d43/original/pwnx styd22iqon3def7z-pdf. pdf。

ix. 已支付预付费用或者不需要支付预付费用的证据；

x. 与附件 5 第 3 条第 3 款有关的文件证据（如果申请人为会员协会）；

xi. 授权委托书（如有）。

2. 提交索赔请求时使用何种语言？

提交至 DRC 的所有文件均应为国际足联四种官方语言（英语、法语、西班牙语或德语）之一的文件或译本。

3. 在仲裁程序中，一方能否指定代理人？以及授权委托书有哪些要求？

仲裁中各方均可指定一名代理人，该代理人需持有书面授权委托书。授权委托书必须授权代理人代表当事方处理国际足联裁决机构的相关事宜。

上述授权委托书应当是最新签发，并明确提及争议当事方，且必须由相关当事方签字并注明日期。

4. 提交索赔请求的截止日期为什么时候？

必须在引起争议的事实发生之日起 2 年内向 DRC 提交索赔请求。

上述截止日期以通过转会匹配系统（TMS）向国际足联提交索赔请求的日期为准。

5. DRC 的程序费用为多少？

争议金额最高为 50000 瑞士法郎	程序费用最高为 5000 瑞士法郎
争议金额最高为 100000 瑞士法郎	程序费用最高为 10000 瑞士法郎
争议金额最高为 150000 瑞士法郎	程序费用最高为 15000 瑞士法郎
争议金额最高为 200000 瑞士法郎	程序费用最高为 20000 瑞士法郎
争议金额在 200001 瑞士法郎以上	程序费用最高为 25000 瑞士法郎

6. 联合机制补偿争议的预付费用为多少？

i. 如果争议金额不超过 50000 瑞士法郎，则 DRC 程序不收取联合机制补偿争议的预付费用。

ii. 预付费用根据争议金额计算如下：

争议金额最高为 100000 瑞士法郎	预付费用：2000 瑞士法郎
争议金额最高为 150000 瑞士法郎	预付费用：3000 瑞士法郎

| 争议金额最高为 200000 瑞士法郎 | 预付费用：4000 瑞士法郎 |
| 争议金额在 200001 瑞士法郎以上 | 预付费用：5000 瑞士法郎 |

iii. 预付费用应存入以下账户，并明确注明争议各方：

UBS Zurich

账号：366.677.01U（FIFA Players' Status）

结算号：230

IBAN：CH27 0023 0230 3666 7701U

SWIFT：UBSWCHZH80A

争议当事方：＿＿＿＿＿＿＿＿＿＿

7. DRC 诉讼程序采取何种形式？

一般情况下，程序将通过 TMS 进行。

8. 由谁承担举证责任？

当事方对其主张的事实提起索赔请求的，应当承担举证责任，并提供任何其认为有用的书面证据，必要时附上国际足联四种官方语言（英语、法语、西班牙语或德语）之一的译本。

9. 裁决将以何种形式通知各方？

应通过转会匹配系统（TMS）送达裁决。并应通知各方，自收到裁决结果通知之日起 10 日内，有权通过 TMS 请求裁决理由，如未在规定期限内做出请求，裁决将具有最终约束力，并视为当事方放弃上诉权利。

10. 如果胜诉，DRC 是否会裁决律师费？

否，DRC 不会裁决参与仲裁程序的相关费用。

11. 是否可以对 DRC 的裁决提出上诉？

针对 DRC（包括独任法官）作出的有理由裁决，可向瑞士洛桑的国际体育仲裁院（CAS）提出上诉。

12. 若一方不遵守 DRC 裁决该如何处理？

债权人需书面联系国际足联球员身份和管理部门，要求纪律委员会协助执行具有最终约束力的国际足联裁决。债权人需提供证据，证明其已向债务人提供相关付款账户信息。

四　培训补偿争议常见问答①

本部分涉及隶属于不同协会的俱乐部之间的培训补偿争议。

1. 向争议解决庭（DRC）提出索赔请求时需要哪些材料？

i. 当事方姓名或名称；

ii. 案件的详细陈述和索赔理由；

iii. 索赔金额；

iv. 被申请人的培训等级（等级 1、等级 2、等级 3 或等级 4）；

v. 由申请人俱乐部所属会员协会出具的官方确认函，确认球员在申请人处注册期间的赛季开始和结束日期（例如，从 7 月 1 日至次年 6 月 30 日）；

vi. 球员完整的职业履历（相关协会出具的所有球员参赛证 ［参见第 7 条］），包括球员的出生日期、球员自 12 周岁生日赛季起至其在被申请人俱乐部注册之日止注册过的所有俱乐部，同时考虑到任何可能的中断，同时应注明球员在所有俱乐部的身份（业余或职业）；

vii. 作为职业球员首次注册的确切日期（年/月/日）；

viii. 索赔所依据的转会确切日期（年/月/日）（如果索赔是基于职业球员的后续转会）；

ix. 已支付预付费用或者不需要支付预付费用的证明；

x. 申请人会员协会出具的关于申请人俱乐部培训等级的官方确认函（如果球员在欧盟/欧洲经济区内转会，参见附件 4 第 6 条）；

xi. 与附件 4 第 6 条第 3 款有关的文件证据（如果球员在欧盟/欧洲经济区内转会，参见附件 4 第 6 条）；

xii. 与附件 4 第 3 条第 3 款有关的文件证据（如果申请人是会员协会）；

xiii. 授权委托书（如有）。

2. 提交索赔请求时使用何种语言？

提交至 DRC 的所有文件均应为国际足联四种官方语言（英语、法语、

---

① 文件来自国际足联官网：https：//digitalhub.fifa.com/m/406a9ed59809d87a/original/x59sf xu2bdeyy1jkcs7v-pdf.pdf。

西班牙语或德语）之一的文件或译本。

3. 在仲裁程序中，一方能否指定代理人？以及授权委托书有哪些要求？

仲裁中各方均可指定一名代理人，该代理人须持有书面授权委托书。授权委托书必须授权代理人代表当事方处理 FIFA 裁决机构的相关事宜。

上述授权委托书应当是最新签发，并明确提及争议当事方，且必须由相关当事方签字并注明日期。

4. 提交索赔请求的截止日期为什么时候？

必须在引起争议的事实发生之日起 2 年内向 DRC 提交索赔请求。

上述截止日期以通过转会匹配系统（TMS）向国际足联提交索赔请求的日期为准。

5. DRC 的程序费用为多少？

争议金额最高为 50000 瑞士法郎	程序费用最高为 5000 瑞士法郎
争议金额最高为 100000 瑞士法郎	程序费用最高为 10000 瑞士法郎
争议金额最高为 150000 瑞士法郎	程序费用最高为 15000 瑞士法郎
争议金额最高为 200000 瑞士法郎	程序费用最高为 20000 瑞士法郎
争议金额在 200001 瑞士法郎以上	程序费用最高为 25000 瑞士法郎

6. 培训补偿争议的预付费用为多少？

i. 如果争议金额不超过 50000 瑞士法郎，则 DRC 程序不收取培训补偿争议的预付费用。

ii. 预付费用根据争议金额计算如下：

争议金额最高为 100000 瑞士法郎	预付费用：2000 瑞士法郎
争议金额最高为 150000 瑞士法郎	预付费用：3000 瑞士法郎
争议金额最高为 200000 瑞士法郎	预付费用：4000 瑞士法郎
争议金额在 200001 瑞士法郎以上	预付费用：5000 瑞士法郎

iii. 预付费用应存入以下账户，并明确注明争议各方：

UBS Zurich

账号：366. 677. 01U（FIFA Players' Status）

结算号：230

IBAN：CH27 0023 0230 3666 7701U

SWIFT：UBSWCHZH80A

争议当事方：_____

7. DRC 诉讼程序采取何种形式？

一般情况下，程序将通过 TMS 进行。

8. 由谁承担举证责任？

当事方对其主张的事实提起索赔请求的，应当承担举证责任，并提供任何其认为有用的书面证据，必要时附上国际足联四种官方语言（英语、法语、西班牙语或德语）之一的译本。

9. 裁决将以何种形式通知各方？

应通过转会匹配系统（TMS）送达裁决。并应通知各方，自在收到裁决结果通知之日起 10 日内，有权通过 TMS 请求裁决理由，如未在规定期限内做出请求，裁决将具有最终约束力，并视为当事方放弃上诉权利。

10. 如果胜诉，DRC 是否会裁决律师费？

否，DRC 不会裁决参与仲裁程序的相关费用。

11. 是否可以对 DRC 的裁决提出上诉？

针对 DRC（包括独任法官）作出的有理由裁决，可向瑞士洛桑的国际体育仲裁院（CAS）提出上诉。

12. 若一方不遵守 DRC 裁决该如何处理？

债权人需书面联系国际足联球员身份和管理部门，要求纪律委员会协助执行具有最终约束力的国际足联裁决。债权人需提供证据，证明其已向债务人提供相关付款账户信息。

五 球员和俱乐部关于 ITC 索要的合同争议常见问答[①]

本部分涉及俱乐部与球员之间关于维持合同稳定性的争议，其中涉及国际转会证明（ITC）索要，以及相关方就 ITC 索要的索赔请求，特别是针对 ITC 签发、体育制裁或者违约赔偿问题。

[①] 文件来自国际足联官网：https://digitalhub.fifa.com/m/375f9fd4088f87e8/original/pmo3 lupq5gcvqqqgmpce-pdf.pdf。

1. 向争议解决庭（DRC）提出索赔请求时需要哪些材料？

i. 当事方的详细联系方式，例如详细地址和传真号；

ii. 法定代理人的姓名和地址（如适用），并附一份最新签发的翔实授权委托书；

iii. 动议或者索赔请求；

iv. 案件陈述、提出动议或者索赔请求的理由、证据材料；

v. 与争议有关的所有文件，如合同和双方之前与案件相关的往来信函的原件，并酌情译成国际足联四种官方语言（英语、法语、西班牙语或德语）中的任何一种；

vi. 案件涉及的其他自然人和法人的姓名（名称）和地址（作为证据）；

vii. 如果是经济纠纷，需提供确切的争议金额，包括索赔的具体细目；

viii. 日期以及有效签名。

2. 提交索赔请求时使用何种语言？

提交至 DRC 的所有文件均应为国际足联四种官方语言（英语、法语、西班牙语或德语）之一的文件或译本。

3. 在仲裁程序中，一方能否指定代理人？以及授权委托书有哪些要求？

仲裁中各方均可指定一名代理人，该代理人须持有书面授权委托书。

授权委托书必须授权代理人代表当事方处理国际足联裁决机构的相关事宜。

上述授权委托书应当是最新签发，并明确提及争议当事方，且必须由相关当事方签字并注明日期。

4. 提交索赔请求的截止日期是什么时候？

必须在引起争议的事实发生之日起 2 年内向 DRC 提交索赔请求。

上述截止日期以国际足联通过传真或平邮收到索赔请求之日为准。

5. DRC 适用哪些法律？

DRC 适用《国际足联章程》和有关规则，同时考虑当事方国家层面所有相关协定、法律和/或劳资协议，以及体育特殊性。

6. DRC 的程序费用为多少？

俱乐部和球员之间关于维持合同稳定性，以及俱乐部和球员之间的国际雇佣相关争议的 DRC 程序免费。

7. 同一事项涉及多方是否可以提交联合索赔请求？

不可以，各方需各自提交单独的索赔请求，说明理由并履行所有手续。

8. DRC 诉讼程序采取何种形式？

一般情况下，程序将以书面形式进行。

9. 由谁承担举证责任？

当事方对其主张的事实提起索赔请求的，应当承担举证责任，并提供任何其认为有用的书面证据，必要时附上国际足联四种官方语言（英语、法语、西班牙语或德语）之一的译本。

10. 裁决将以何种形式通知各方？

裁决通过传真或挂号信通知各方。

应通知各方，自收到裁决结果之日起 10 日内，有权以书面形式请求裁决理由，如未在规定期限内做出请求，裁决将具有最终约束力。

11. 如果胜诉，DRC 是否会裁决律师费？

否，DRC 不会裁决参与仲裁程序的相关费用。

12. 是否可以对 DRC 的裁决提出上诉？

针对 DRC（包括独任法官）作出的有理由裁决，可向瑞士洛桑的国际体育仲裁院（CAS）提出上诉（详见 CAS 指南链接）。

13. 若一方不遵守 DRC 裁决该如何处理？

债权人需书面联系国际足联球员身份部门，要求纪律委员会协助执行具有最终约束力的国际足联裁决。债权人需提供证据，证明其已向债务人提供相关付款账户信息。